AF283679

Técnicas y procedimientos de limpieza en alojamientos. HOTA0004

Miguel Ángel Sánchez Maza

ic editorial

Técnicas y procedimientos de limpieza en alojamientos. HOTA0004
© Miguel Ángel Sánchez Maza

1ª Edición

© IC Editorial, 2025

Editado por: IC Editorial
c/ Cueva de Viera, 2, Local 3
Centro Negocios CADI
29200 Antequera (Málaga)
Teléfono: 952 70 60 04
Fax: 952 84 55 03
Correo electrónico: iceditorial@iceditorial.com
Internet: www.iceditorial.com

ISBN: 978-84-1184-767-04
Depósito Legal: MA 645-2025

Impresión: PODiPrint
Impreso en Andalucía – España

Nota de la editorial: IC Editorial pertenece a Innovación y Cualificación S. L.

Especialidad formativa

Se entiende por especialidad formativa la agrupación de contenidos, competencias profesionales y especificaciones técnicas que responde a un conjunto de actividades de trabajo enmarcadas en una fase del proceso de producción y con funciones afines.

Las especialidades formativas de Uso General, Formación Complementaria, Formación Modular y las especialidades formativas dirigidas a la obtención de certificados de profesionalidad se incluyen en el Fichero de Especialidades del Servicio Público de Empleo Estatal para su gestión en todo el territorio nacional por cualquier Administración competente.

Las especialidades complementarias, pertenecen todas a la Familia profesional de Formación Complementaria (FCO) y tienen la consideración de formación transversal en áreas que se consideran prioritarias tanto en el marco de la Estrategia Europea para el Empleo y del Sistema Nacional de Empleo como en las directrices establecidas por la Unión Europea. Se consideran áreas prioritarias las relativas a tecnologías de la información y la comunicación, la prevención de riesgos laborales, la sensibilización en medio ambiente, la promoción de la igualdad, la orientación profesional y aquellas otras que se establezcan por la Administración competente.

Las especialidades de Certificado de profesionalidad tienen una duración especificada en su normativa reguladora.

En el resultado de la búsqueda, se muestran las unidades de competencia, todos los módulos formativos con su duración y las unidades formativas del certificado correspondiente, con su duración. Las horas del certificado, exclusivo de las especialidades de certificado de profesionalidad, con alta igual o superior a 2008, son las horas totales más las horas del módulo de Prácticas Profesionales no Laborales.

➲ **Si la especialidad tiene unidades formativas,** las horas totales, presencial, distancia, teleformación serán igual a la suma de esas horas de las unidades formativas de los distintos módulos, sin que se repita ninguna Unidad formativa.

- **Si la especialidad no tiene unidades formativas,** las horas totales, presencial, distancia, teleformación serán igual a las sumas de esas horas de los módulos formativos, eliminando las horas de los módulos repetidos.

https://sede.sepe.gob.es/especialidadesformativas/RXBuscadorEFRED/BusquedaEspecialidades.do

(Fuente: Servicio Público de Empleo Estatal)

Índice

OBJETIVOS GENERALES

Los objetivos generales asociados al **Técnicas y procedimientos de limpieza en alojamientos. HOTA0004** son:

- ⮞ Aplicar las técnicas y procedimientos específicos para realizar la limpieza y puesta a punto de las habitaciones y de las áreas comunes de pisos.
- ⮞ Conocer la estructura organizativa y departamental en las empresas del sector turístico.
- ⮞ Desarrollar de forma adecuada la planificación del departamento de pisos conociendo las funciones de sus integrantes y departamentalización.
- ⮞ Saber las técnicas de limpieza a emplear en habitaciones y áreas nobles.
- ⮞ Identificar las necesidades del cliente y hacer frente a posibles quejas y reclamaciones.
- ⮞ Prever los riesgos en el trabajo y determinar acciones preventivas elementales y/o de protección a la salud minimizando factores de riesgo.

Aproximación al sector del turismo y la hostelería

Contenido

Objetivos

El objetivo general de esta Unidad de Aprendizaje es:

→ Conocer la estructura organizativa y departamental en las empresas del sector turístico.

Los objetivos específicos de esta unidad de aprendizaje son:

→ Imponer estructuras organizativas en las empresas del sector turístico.

→ Conocer las estructuras y relaciones departamentales.

→ Reconocer los distintos establecimientos turísticos en base a sus características básicas.

1. Introducción

En la actualidad, la industria hotelera constituye una pieza clave y fundamental dentro del sector turístico, cuya modernización y ampliación necesita de la estructuración de una política turística de ordenación y fomento basada en la continua renovación de las infraestructuras y servicios de los establecimientos de alojamiento turístico.

Por ello, los establecimientos deben ser un objetivo preferente, del sector público y del privado, como productos que impulsen un turismo competitivo motor de la economía.

Para ello, la planta de alojamientos hoteleros debe girar en torno a los criterios de calidad total, es decir, de sus servicios y de sus instalaciones, calidad en el empleo y garantía ante los usuarios, siempre bajo el concepto de la sostenibilidad social y ambiental del desarrollo turístico.

Paralelamente, es preciso potenciar la calidad interna de los servicios y recursos comercializados, entendida esta como la mejora en la organización y gestión de los mismos y mejora en la calidad del empleo, todo con el objetivo último de la plena satisfacción de los usuarios turísticos, en cuanto a los servicios que recibe, a su calidad ambiental y la de los destinos que visita. Así, para entender la importancia que supone la correcta gestión de todos estos conceptos es necesario conocer tanto las características de los establecimientos como su organización. Así, a continuación, se exponen los modelos de organización más característicos del sector, basándonos en los casos acontecidos en los establecimientos de la cadena hotelera Fabián & Company.

2. Organización de las empresas hosteleras

👉 HILO CONDUCTOR

Pese a que la cadena hotelera Fabián & Company comenzó con la apertura de un pequeño hotel de 3 estrellas gestionado de forma familiar, en la actualidad es uno de los grupos hoteleros más importantes de España, por lo que su organización y gestión ha pasado a representar una importante gestión, optando para ello con una departamentalización moderna, dando vital importancia tanto a las relaciones interdepartamentales, como con los agentes externos.

- -

Organizar significa ordenar, crear una estructura y dotar de los medios necesarios para que se puedan cumplir los fines que se han programado.

La organización será siempre un sistema al que correspondan especialmente unos objetivos.

Ese sistema, formado principalmente por personas, debe estar regulado por un conjunto de normas que establezcan el marco estable y comprensible que les permita trabajar en la persecución de los fines establecidos. Y es tarea gerencial buscar la forma de crear ese marco o estructura organizacional que implicará la especialización del trabajo, establecer una cadena de mando y la departamentalización.

Además de las personas que trabajan en ella, la organización estará formada por:

Elementos de trabajo
- Maquinaria
- Útiles
- Sistemas tecnológicos

Elementos generales
- Autoridad y jerarquía
- Responsabilidad de cada uno
- Concreción profesional
- Flexibilidad para ajustarse a los cambios o a cada momento
- Límites de tamaño (cuanto más sencilla es la organización, mejor)

Así, podemos definir a la organización en el ámbito empresarial como la forma en que las empresas disponen sus medios, materiales y humanos, al tiempo que establecen reglas para alcanzar las metas propuestas bajo criterios de eficiencia.

Pero no debemos confundir empresa con organización, no son lo mismo. Es decir, la organización actúa en nombre de la empresa, y la organización existe porque la empresa tiene unos objetivos que cumplir. Pero los objetivos de ambas no serán los mismos. No obstante, la función organizativa debe estar perfectamente integrada dentro de la dirección, ya que, para organizar, lo primero que debe hacer la empresa es determinar un plan de acción para alcanzar los objetivos marcados, es decir, planificar. Posteriormente, con la organización se estructuran y coordinan los diferentes recursos de modo más óptimo para desarrollar satisfactoriamente la actividad y cumplir los objetivos marcados, finalizando con el control, poniendo en práctica todo lo planificado, implantando en todo el proceso puntos de control que permitan establecer si los objetivos se van cumpliendo, y en caso contrario aplicar a su debido tiempo las correcciones oportunas.

NOTA

Las organizaciones son simplemente medios para alcanzar fines colectivos a través de las capacidades de los individuos que la constituyen. Los objetivos de la organización son pues los hitos hacia donde se dirigen las energías y los recursos de la organización.

- -

Todo proceso organizativo debe establecer:

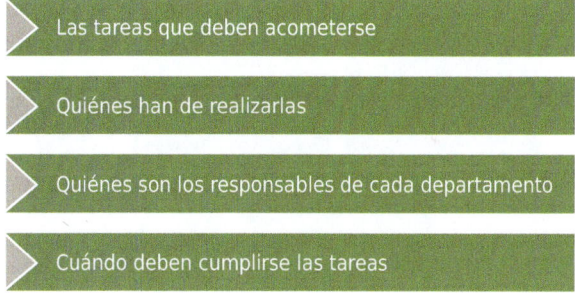

Las tareas que deben acometerse

Quiénes han de realizarlas

Quiénes son los responsables de cada departamento

Cuándo deben cumplirse las tareas

Y debe tener en cuenta los siguientes principios generales:

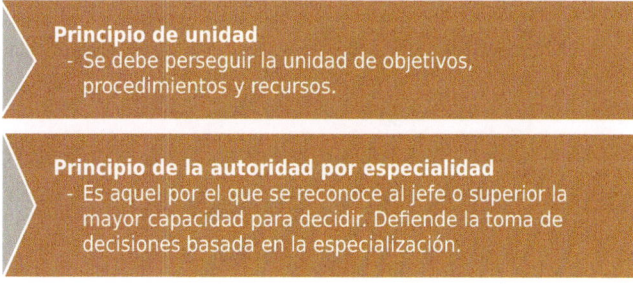

Principio de unidad
- Se debe perseguir la unidad de objetivos, procedimientos y recursos.

Principio de la autoridad por especialidad
- Es aquel por el que se reconoce al jefe o superior la mayor capacidad para decidir. Defiende la toma de decisiones basada en la especialización.

Continúa en página siguiente >>

<< Viene de página anterior

Principio de la autoridad compartida o de delegación
- Concilia los dos primeros principios, aunando mando y especialización. Muy útil en grandes empresas. Es necesario delegar funciones y responsabilidades.

Principio de especialización
- Cada vez es más necesario la división del trabajo, lo que hace más eficaces a las personas y, por extensión, más eficientes a las empresas.

Principio de motivación y participación
- Estrechamente relacionados, ya que al permitir la participación en la toma de decisiones se motiva al personal.

Además de estos principios, se deben tener en cuenta otros factores como son:

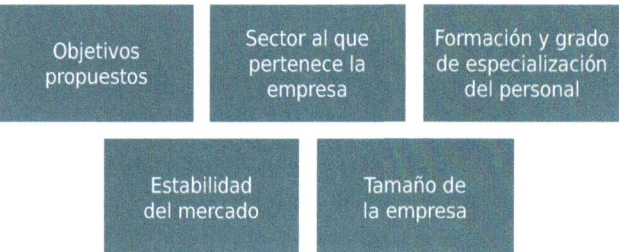

En toda empresa, se dan simultáneamente dos tipos de organización:

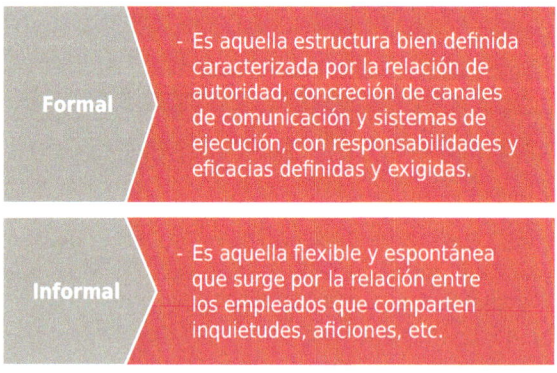

Pudiendo además adquirir una u otra estructura, clasificándose en clásicas y modernas, diferenciando a su vez:

Clásicas
- **Jerárquica o lineal.** Tiene una única línea directa de autoridad, desde lo más alto de la pirámide a los niveles más bajos.
- **Funcional o piramidal.** La autoridad se ejerce sobre las actividades y sobre las personas. Con ella, nace la departamentalización, la especialización y la delegación de autoridad.
- **Mixta.** Combina la jerárquica y la lineal.

Modernas
- **Por proyectos.** La empresa simultanea varios proyectos que se encuentran en diferentes fases de desarrollo.
- **Matriciales.** Combina la estructura funcional y la estructura por proyectos.
- **En redes.** Consiste en la unificación de varias empresas cada una en su especialidad.

NOTA

El sector turístico se ha caracterizado por presentar en su organización estructuras rígidas, centralizadas, muy jerarquizadas y con esquemas operativos simples, fundamentalmente lineales para empresas de pequeño tamaño y funcional para empresas de tamaño medio y grande, donde es necesario una mayor especialización.

TAREA 1

La cadena hotelera Fabián & Company, especializada en hoteles de costa con instalaciones de spa, tiene establecimientos en la costa levantina y los dos archipiélagos. Exponga cómo sería su estructura organizativa si existe un director general que coordina y controla todos los establecimientos del territorio

Continúa en página siguiente >>

<< Viene de página anterior

español, los hoteles se agrupan por zonas geográficas y a cada zona geográfica le corresponde un departamento comercial, otro de administración, y otro de recursos humanos.

- -

2.1. Patrones básicos de departamentalización tradicional en las áreas de alojamiento: ventajas e inconvenientes

Una de las primeras acciones que se deben emprender en la organización de una empresa es su departamentalización, es decir, el proceso de repartir funciones, de la división del trabajo.

Pero esta no debe ser entendida únicamente como el reparto de funciones de una empresa, sino como el sistema de organización de la empresa, en donde hay tantos niveles organizacionales en función de la amplitud que requiera la dirección, es decir, según el número de subordinados que puedan ser dirigidos con eficacia.

El resultado de las unidades organizativas es lo que llamamos **departamento**, que se define como el agrupamiento de actividades o funciones dentro de una organización, pudiendo subdividirse a su vez en otros subdepartamentos.

Son el nivel inferior de la empresa y en él una o varias personas realizan un conjunto de tareas específicas de ejecución, lo que aporta especialización, aunque también tienen inconvenientes, como el coste indirecto que suponen los mandos y la dificultad de la comunicación entre departamentos.

Tipos de departamentalización hay varios, y deberá ser elegido uno u otro tipo teniendo en cuenta las características de nuestra empresa y que este facilite la realización de las actividades y el logro de los objetivos.

Los tipos de **departamentalización** son los siguientes:

- **Por números simples.** Se coloca bajo la supervisión de un supervisor a un determinado número de personas que desarrollan las mismas tareas. Está en desuso ya que la tendencia es hacia la especialización.
- **Por tiempo.** Se da en empresas donde la jornada de trabajo es continua durante las 24 horas del día, dividida en turnos, donde se puede o no desempeñar las mismas tareas.

- **Por función.** Consiste en agrupar las actividades según las distintas funciones que realiza la empresa.
- **Por zonas geográficas.** Se da en los casos en que la empresa opera en amplias zonas geográficas, en donde un gerente suele dirigir un grupo de determinadas actividades en una zona. Es muy habitual en las cadenas hoteleras.
- **Por consumidores.** Se agrupan las actividades en función de los distintos tipos de clientes que presentan necesidades diferentes. Es habitual en las agencias de viajes.
- **Por proceso o equipo.** Se basa en la integración de tareas según líneas de producción. Se da en grandes empresas con una departamentalización previa por funciones.
- **Por productos o servicios.** Es el caso de empresas que atienden diferentes productos o servicios y establecen departamentos para cada uno de ellos.

La forma de representar gráfica y esquemáticamente la departamentalización de una empresa, es lo que se conoce como **organigrama,** debiéndose elaborar con exactitud y claridad, mostrando sencillez y realidad, teniendo como propósito:

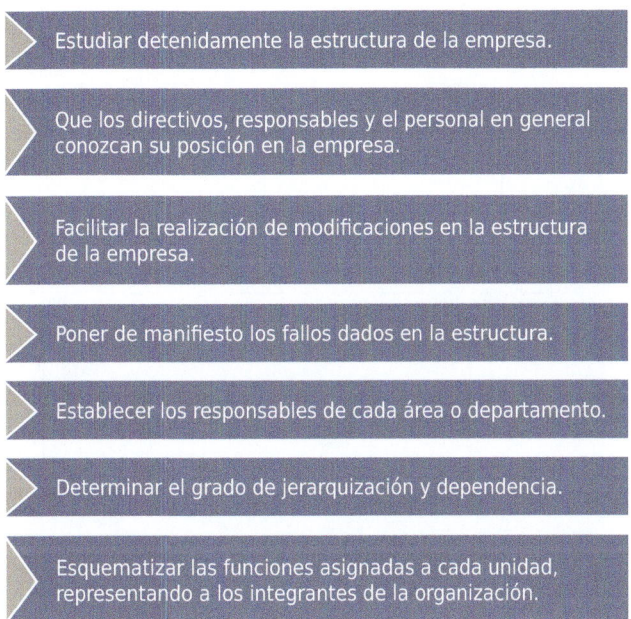

Estudiar detenidamente la estructura de la empresa.

Que los directivos, responsables y el personal en general conozcan su posición en la empresa.

Facilitar la realización de modificaciones en la estructura de la empresa.

Poner de manifiesto los fallos dados en la estructura.

Establecer los responsables de cada área o departamento.

Determinar el grado de jerarquización y dependencia.

Esquematizar las funciones asignadas a cada unidad, representando a los integrantes de la organización.

Estos organigramas a su vez se clasifican en torno al fin perseguido, el contenido y la forma, teniendo:

- **Fin Perseguido.** Se diferencian las utilizadas como medio informativo, representadas por grandes unidades en las que se expone como se estructura la empresa y aporta poca información general. Y las de análisis en las que se expone la totalidad de la estructura de cada una de sus unidades y las relaciones existentes en ellas.
- **Contenido.** En base a su contenido se diferencian las **estructurales,** en las que se presenta el armazón de la empresa, las **funcionales,** en las que se incluyen las funciones de cada una de las unidades y la **de personal,** exponiendo de cada unidad, la categoría y el nombre del responsable y sus subordinados.
- **Forma.** Existen cuatro tipos las verticales, en las que se representa de arriba a abajo, las horizontales, representadas de izquierda a derecha, las radiales, en las que el nivel más alto se sitúa en el centro y la escalar, siendo la más utilizada en la organización jerárquica, ya que resalta la línea de mando.

 EJEMPLO

Ejemplo organigrama escalar:

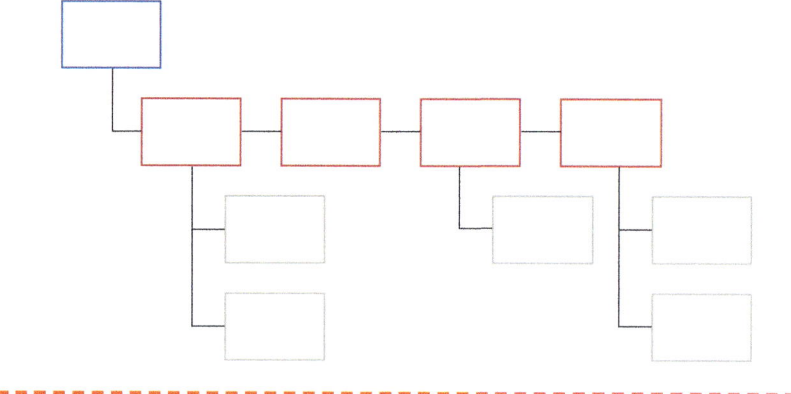

2.2. Estructuras y relaciones departamentales y externas características de los distintos tipos de alojamiento

Ya hemos comentado que establecer una estructura común a todas las empresas y establecimientos de alojamiento es muy difícil, y que esta dependerá de las características de la misma, como su categoría, su ubicación, su especialización o su tamaño.

Lo que sí se puede establecer es que, a mayor tamaño de un establecimiento, más compleja será su estructura y mayor su especialización departamental.

Igualmente, los establecimientos de mayor categoría tienen plantillas más numerosas con mayor especialización, mientras que en los establecimientos más pequeños o de menor categoría los empleados suelen simultanear funciones.

Aunque la estructura se verá modificada en torno a las características del establecimiento y su estructura, se tiene como departamentos integrantes comunes los siguientes:

- **Dirección.** En los establecimientos de mayor tamaño puede existir la figura de un director/a general, asistido por varios subdirectores. En los hoteles medianos lo normal es la existencia de un director/a y un subdirector/a. Mientras que en los pequeños solo suele existir la figura del director/a.
- **Departamento de alojamiento o habitaciones.** Se divide a su vez en los departamentos de recepción, conserjería, pisos y mantenimiento, diferenciándose al mismo tiempo entre:

  - **Recepción:** reservas, mostrador, facturación o mano corriente y caja.
  - **Pisos:** lavandería, pisos, lencería y limpieza.

- **Departamento de alimentos y bebidas (*Food and Beverage*).** Este departamento está destinado a cubrir las secciones de: cocina, cocina central, cocina de personal, cocina de banquetes, bares y cafeterías, restaurantes a la carta, comedores con menú, *room service*, economato-almacén y bodega, banquetes, *pubs*, etc.
- **Departamento de mantenimiento, servicios técnicos y seguridad.** Este departamento se relaciona con las distintas actividades a desarrollar, dirigido por un jefe de departamento e integrado por mantenedores especializados, siendo común oficios de carpintería, jardinería, electricistas, pintores, etc.
- **Departamento comercial.** Se diferencian como subdepartamentos dentro de este a los departamentos de publicidad, ventas, relaciones públicas, animación, etc.

‣ **Departamento de administración.** De él dependen subdepartamentos como administración, intervención, contabilidad y financiación.

‣ **Departamento de recursos humanos (RR. HH.).** Es el departamento encargado de los contratos y nóminas, y de seleccionar y formar al personal. En establecimientos pequeños y medianos, este departamento no suele existir y de sus funciones se encarga una asesoría laboral externa.

Relaciones interdepartamentales

La correcta marcha de un establecimiento, incluye en su sistema organizativo la necesidad de coordinación con el resto de departamentos, considerándose características las siguientes.

Reservas

Las relaciones más importantes del departamento de reservas, se manifiestan en torno a los siguientes departamentos:

‣ **Dirección.** Le informará de la ocupación prevista. A su vez, dirección le informará de políticas de precios, estrategias empresariales, etc.

‣ **Comercial.** En materia de precios, acuerdos comerciales y *marketing.*

‣ **Mostrador.** Listado de llegadas y demás documentación.

‣ **Conserjería.** Le informará sobre la ocupación prevista y alguna petición de servicio especial que haya sido solicitado por el cliente.

‣ **Caja.** Llegada de depósitos, prepagos, etc. Caja expedirá un documento que será adjuntado al expediente de la reserva.

‣ **Alimentación y bebidas.** Informará sobre la previsión de comidas, desayunos y otros servicios.

‣ **Banquetes.** Información sobre las reservas.

‣ **Pisos.** Informará sobre la ocupación prevista.

‣ **Relaciones públicas.** Se le informará sobre la llegada de clientes VIP.

Mostrador y conserjería

Las relaciones más importantes del departamento de mostrador y conserjería, se manifiestan en torno a los siguientes departamentos:

‣ **Dirección.** Información sobre ocupación, clientes VIP, reclamaciones, producción de las líneas de servicios, etc.

‣ **Pisos.** Previsión de ocupación, salidas previstas, cambio de habitaciones, atenciones especiales a clientes, etc.

- **Servicios técnicos.** Aviso sobre averías.
- **Reservas.** Listado de llegadas, hojas de reserva y clientes alojados sin reserva.
- **Caja.** Debe informar a conserjería del abono de las facturas por parte de los clientes.
- **Restauración.** Se le entrega el listado de huéspedes, llegadas previstas, contratación de regímenes, grupos, atenciones especiales, etc.
- **Comercial.** Le informa a mostrador de todos los eventos que tendrán lugar en el establecimiento.
- **Relaciones públicas.** Avisos de llegadas de clientes VIP, reclamaciones, etc.
- **Animación.** Información de las actividades de animación que se realicen en el establecimiento para poder informar al cliente.

Facturación

Las relaciones más importantes del departamento de facturación, se manifiestan en torno a los siguientes departamentos:

- **Administración.** Diariamente le envía el parte de producción.
- **Mostrador.** Abrirá la factura de los clientes e introducirá los datos.
- **Caja.** Cobra las facturas expedidas por facturación y se las devuelve para que efectúe el cierre del día y los cuadres oportunos.
- **Bar, cafetería, lavandería, pisos, etc. (departamentos de servicios).** Cuadrará las liquidaciones, comprobará que sean correctos los cargos y los archivará junto con el resto de la documentación de la reserva. También comprobará que el dinero entregado a caja se corresponde con lo abonado por los clientes al contado.

Caja

Las relaciones más importantes del departamento de caja, se manifiestan en torno a los siguientes departamentos:

- **Facturación.** Remite la factura a caja para que esta la cobre, y después esta la devuelve para que se haga el cierre. Facturación y caja hacen el cuadre de producción.
- **Conserjería.** Autoriza a conserjería la salida del equipaje del cliente.
- **Administración.** Le enviará el arqueo de caja para el cuadre de producción. Y administración le reclamará la facturación a crédito.
- **Reservas.** Todo lo relacionado con prepagos o depósitos enviados por los clientes.

Pisos

Las relaciones más importantes del departamento de pisos, se manifiestan en torno a los siguientes departamentos:

- **Mostrador.** Información de los clientes hospedados, los clientes con reserva, salida de clientes, clientes VIP, control de habitaciones, etc.
- **Lavandería y lencería.** Provisión y limpieza de la ropa de pisos y la ropa de clientes.
- **Almacén.** En cuanto a la provisión de material.
- **Servicio técnico.** Reparaciones y averías.

Restaurante

Las relaciones más importantes del departamento de restaurante, se manifiestan en torno a los siguientes departamentos:

- **Cocina.** Definición de cartas, menús, etc., informar de la composición y elaboración de platos.
- **Economato y bodega.** Suministros y provisiones varias.
- **Lencería y lavandería.** Suministro de mantelería diaria, limpieza de uniformes, etc.
- **Dirección.** Determinación de presupuestos, análisis de objetivos conseguidos, evaluación del seguimiento del servicio.
- **Recepción.** Previsión de pensiones alimenticias, horarios de comidas para grupos, cargo de facturas y liquidación de servicios diarios.
- **Conserjería.** Horario de apertura del comedor, anuncio de celebraciones de banquetes o convenciones, reservas de mesas, etc.
- **Comercial.** Servicios especiales en relación a programas de animación, promoción y publicidad de la oferta, ofertas especiales, etc.
- **Personal.** Turnos, horarios, formación y promoción del personal, contrataciones, etc.
- **Administración.** Verificación de facturas y comandas, elaboración de presupuestos, control de resultados, etc.
- **Mantenimiento.** Reparación y conservación de instalaciones y mobiliario, montaje de instalaciones y equipos para eventos especiales, etc.
- **Economato y bodega.** Se relaciona con todos los departamentos a los que suministra productos, como por ejemplo cocina, restaurante, bar, pisos, etc.

Relaciones con agentes externos

Además de las relaciones internas, para el correcto funcionamiento de las empresas del sector del turismo y la hostelería requieren de apoyos externos, siendo característicos los siguientes agentes externos:

Guías locales, guías correo y transferistas
- En el primero de los casos, cuando un cliente solicita los servicios de un guía para visitar la ciudad. Con los guías correo la relación será sobre todo en cuanto a la hora de despertar al grupo, el equipaje, etc. y en el último caso, cuando el cliente solicita la contratación de un *transfer*.

Proveedores
- En la provisión de materias primas para restauración, utillaje y herramientas, combustible, productos de limpieza, maquinaria, mobiliario, material de oficina, etc.

Agencias de viajes
- Tanto en la contratación individual como de grupos y de cupo bajo comisión.

Otras empresas de servicios
- Como compañías de transporte, restaurantes, etc. ofreciendo un servicio extra al cliente.

Compañías de crédito
- Pese a que supone un gasto extra, debido a la comisión que supone su contratación, son otra de las opciones de las que dispone el cliente.

Otras empresas no relacionadas con el sector servicios
- Empresas que necesitan de alojamiento y otras prestaciones. En ellas el concepto que predomina es el de descuento, así como precios y atenciones especiales.

2.3. Diferenciación de los objetivos de cada departamento del área de alojamiento y distribución de funciones

El modelo de organización predominante en el sector hotelero, el denominado lineal, divide a los departamentos en tres tipos, siendo:

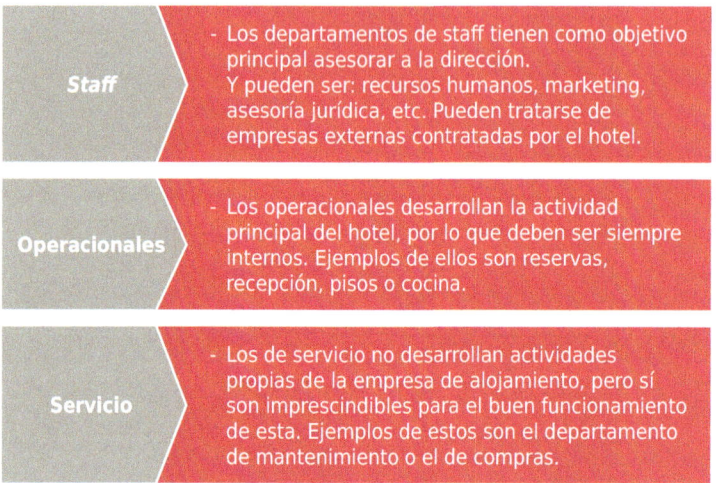

| Staff | - Los departamentos de staff tienen como objetivo principal asesorar a la dirección. Y pueden ser: recursos humanos, marketing, asesoría jurídica, etc. Pueden tratarse de empresas externas contratadas por el hotel. |

| Operacionales | - Los operacionales desarrollan la actividad principal del hotel, por lo que deben ser siempre internos. Ejemplos de ellos son reservas, recepción, pisos o cocina. |

| Servicio | - Los de servicio no desarrollan actividades propias de la empresa de alojamiento, pero sí son imprescindibles para el buen funcionamiento de esta. Ejemplos de estos son el departamento de mantenimiento o el de compras. |

Estos departamentos, integrados por las funciones de dirección, recepción, conserjería, pisos etc. tienen funciones y objetivos determinados.

Dirección

Su misión principal es alcanzar los fines de la empresa a través de cuatro funciones básicas:

- ➲ **Planificación:** establecer las políticas, objetivos y presupuestos, así como tomar las decisiones necesarias para conseguirlos.
- ➲ **Organización:** determinar las estructuras y tareas a realizar.
- ➲ **Gestión:** conseguir que las personas cumplan sus funciones.
- ➲ **Control:** comparar la realidad con los objetivos.

Recepción

Tiene como objetivo la reserva, venta de habitaciones, facturación y atención al cliente. Las funciones de cada uno de sus subdepartamentos son:

- **Reservas.** Venta de habitaciones, control de ventas, atender posibles reservas, control de depósitos, confeccionar documentación de reservas, informar a otros departamentos sobre los clientes con la suficiente antelación, entrega de documentación a mostrador, archivar y clasificar la documentación.
- **Mostrador.** Planificación, asignación y control de habitaciones, supervisión de llegadas previstas, registro y salidas de clientes, cumplimentar la documentación de recepción, informar a todos los departamentos, cambio de habitaciones, control de producción de la venta de habitaciones, apertura de facturas, atención e información al cliente, elaboración de estadísticas y atención telefónica.
- **Facturación.** Cargo de las consumiciones de los clientes, control de facturas, cuadre de las liquidaciones de los departamentos de venta, cierre diario, cálculo de comisiones para agencias y entidades de crédito, cálculo de descuentos, cierre de facturas.
- **Caja.** Cobro de facturas, cambio de moneda extranjera y divisa, control y alquiler de cajas de seguridad, confección de liquidación de facturas cobradas a crédito y en efectivo, liquidación de caja y divisa, cumplimentar la documentación y autorizar la salida de equipaje.

Conserjería/comunicaciones y atención al cliente

Habitualmente está fusionada con el departamento de recepción, destacando como funciones asociadas las siguientes:

- Asistencia en llegada y salidas.
- Control de viajeros, entradas y salidas, control de llaves, recogida, control y entrega de equipajes, información interna e información al cliente, correspondencia de clientes, teléfonos, control de accesos y *parking,* mensajes, reserva de entradas, venta de varios, prensa, servicio despertador, vigilancia nocturna, encargos dentro y fuera del establecimiento, atención telefónica interna y externa.

Pisos

Su responsabilidad es el servicio de limpieza de las habitaciones, demás instalaciones y de la ropa, tanto de clientes como del hotel. Las funciones de cada uno de sus subdepartamentos son:

- **Pisos.** Limpieza, mantenimiento y revisión de las habitaciones, conservación y control del mobiliario y enseres, limpieza de pasillos, escaleras y zonas nobles, cambios de ropa y atención al cliente.

⊃ **Lavandería.** Lavado y planchado de la ropa del hotel, control e inventario de la ropa del hotel, lavado y planchado de la ropa de clientes, lavado de uniformes del personal.

⊃ **Limpieza.** Limpieza de accesos, áreas públicas y cristales.

Alimentación y bebidas *(Food & Beverage)*

Su objetivo básico es prestar el servicio de restauración. Las funciones de cada uno de los subdepartamentos que lo componen son:

⊃ **Cocina.** Previsión diaria de la demanda, previsión de suministros, preparación del servicio, recepción de comandas, elaboración de comandas, presentación, desbarase y recogida, control de consumos, control de existencias.

⊃ **Restaurantes y bares.** Limpieza del local, mobiliario y menaje, montaje de mesas, aparadores y *buffet,* reposición de géneros, reserva de mesas, recepción y acomodación de clientes, prestación del servicio, facturación, cambio de ropa, propuesta de ofertas gastronómicas y *room service*.

⊃ **Economato y bodega.** Relaciones con proveedores, comprobación de existencias, cotejo de precios según mercado, compra de género y material, control de calidad del género, control de entrega de mercancías, control de albaranes, facturas y vales de pedido, recepción y almacenamiento de mercancías, distribución de los pedidos a los diferentes departamentos, control de *stocks* y existencias, elaboración de inventarios y relación con administración.

Comercial

Tiene como misión dar a conocer el establecimiento, de venderlo, de llevarlo al consumidor a través de los distintos medios. Sus funciones a destacar son:

⊃ Elaborar el plan de *marketing*.
⊃ Diseñar la marca.
⊃ Organizar eventos que atraigan nuevos clientes.
⊃ Estrategia publicitaria y promoción.
⊃ Las relaciones con los clientes alojados y no alojados.
⊃ Transmitir imagen del establecimiento.
⊃ Atención y contacto con los medios de comunicación.
⊃ Atención a clientes VIP.

Animación

Tiene como objetivo principal la prestación del servicio de animación. Sus funciones son:

- Programación, organización y ejecución de todo tipo de actividades de animación.
- Selección, creación y preparación de los recursos necesarios.
- Difusión y promoción del programa de animación.
- Evaluación de resultados.
- Atención al cliente.

Mantenimiento, servicio técnico y seguridad

La misión de este departamento es el mantenimiento del establecimiento y de sus instalaciones, la resolución de averías y la protección contra incendios. Sus funciones básicas son:

- Mantenimiento preventivo y correctivo del inmueble, instalaciones, maquinaria, mobiliario y zonas exteriores, piscinas y jardines.
- Protección de los bienes y personas dentro del hotel.
- Prevención de incendios.

Administración

Tiene como misión todas las actividades relacionadas con la gestión administrativa, de facturación e intervención, así como la selección de inversiones y alternativas de financiación. Sus funciones a destacar son:

- Administración.
- Contabilidad financiera y de gestión.
- Caja-Facturación.
- Control y auditoría.
- Contabilidad.
- Gestión de cobros y pagos.
- Control de caja y tesorería.
- Gestión contable.
- Contabilidad analítica.
- Control y gestión de las obligaciones tributarias.
- Gestión de clientes y proveedores.
- Financiación.
- Selección de inversiones.
- Elección de alternativas de financiación.

- Gestión de créditos y riesgos.
- Negociación con entidades de crédito.
- Elaboración de presupuestos.
- Control de ingresos y gastos.

Recursos humanos

Sus objetivos principales son el reclutamiento y selección del personal, su formación y mantenimiento, objetivos fundamentales en una empresa de servicios, en donde el personal es un activo fundamental en la prestación de servicios. Sus funciones son:

- Planificación.
- Reclutamiento.
- Selección.
- Integración.
- Formación.
- Evaluación.
- Remuneración.
- Promoción, control de horarios, vacaciones y nóminas de la plantilla del hotel.

2.4. Circuitos, tipos de información y documentos internos y externos que se generan en el marco de tales estructuras y relaciones interdepartamentales

La descripción organizativa requiere del conocimiento de la documentación asociada a la gestión hotelera, dando a conocer tanto los tipos como qué información contienen y cómo se generan.

Existen documentos propios asociados al momento o gestión del proceso de atención relacionándose como imprescindibles la reserva y llegada del cliente, su registro, su estancia y el proceso de salida, generándose una documentación propia, destacando:

Llegada de cliente

La documentación generada y asociada a la gestión de la llegada de los clientes, es entre otra la siguiente:

- ⮑ *Planning* **de reservas.** Elaborado y utilizado por reservas, tiene como objetivo presentar de forma gráfica la disponibilidad de plazas de un alojamiento hotelero. En la actualidad, el documento manual ha sido sustituido por el soporte informático, que es de consulta más rápida y eficiente.
- ⮑ **Cardex o ficha del cliente o empresa.** Es el documento que contiene datos del historial de nuestros clientes (preferencias, modos de pago, pernoctaciones realizadas con anterioridad, etc.) que permite poder ofrecerles un servicio más personalizado.
- ⮑ **Hoja de reservas.** Es el formulario utilizado en el momento en que se toma nota de la reserva, y puede ser: individual, de grupo y de servicios diferentes al alojamiento (por ejemplo, contratación de banquetes, salones, etc.).

HOJA DE RESERVAS

Fecha de llegada: _____ Fecha de salida: _____
Hora prevista de llegada: _____

Nombre:
Dirección:
Reservado por:
Teléfono:
Observaciones:

Tipo de habitación	Régimen				Precio
	A	AD	MP	PC	
Individual					
Doble					
Doble salón					
Suite					

Fecha: _____ Firma: _____

Ejemplo modelo hoja de reservas

- **Libro de reservas.** Es el documento que tiene como misión informar del movimiento diario del hotel. Está formado por dos hojas, en la de la izquierda se anotan las entradas y en la de la derecha, las salidas.
- **Listado de llegadas.** Es un documento utilizado en el proceso de entrada de clientes *(check-in)*, que se prepara en el turno de noche o a primera hora de la mañana. Es entregado al mostrador por reservas normalmente un día antes de la llegada del cliente. En él aparecen las llegadas previstas del día, con nombre y apellidos, tipo y cantidad de habitaciones, número de la habitación (asignada por mostrador), duración de la estancia, servicios y observaciones.
- ***Room-rack* y *slip*.** Es un instrumento para conocer en cada momento la situación en que se encuentra una habitación, así como sus características. Puede ser manual, con un tarjetero o *rack* o de forma informatizada. En el tarjetero se colocan unas tarjetas llamadas *slips* que contienen información del cliente que ocupa la habitación, y otras tarjetas de colores, algunas transparentes, cuyo color se identifica con un código (por ejemplo: tarjeta roja significa bloqueada, o plástico transparente verde, reservada).
- **Tarjeta de registro.** Es el documento cumplimentado a la llegada del cliente con sus datos (nombre y apellidos, número de habitación, número de personas, fecha de entrada y de salida, tipo de pensión alimenticia y precio de la habitación). Tiene, además de dar la bienvenida al cliente, una doble finalidad: por un lado, ofrece la cobertura legal apropiada, ya que tiene validez como contrato entre el establecimiento y el cliente; y además sirve como documento de identificación dentro del establecimiento.

HOTEL ABCD ***** *PASEO DE LA PLAYA, 22* *Marbella* Apellidos: Nombre: Número habitación: Número personas: Nacionalidad: Reservado por: Régimen: Fecha entrada: Fecha salida: Precio habitación: Firma:	LA DIRECCIÓN Y PERSONAL DEL HOTEL Le desean una feliz y agradable estancia *Le recomendamos que si tiene prevista su salida después de las 12 horas, lo comunique a Recepción.* *Utilice las cajas de seguridad para depositar sus objetos de valor.* *Si desea prolongar su estancia comuníquelo a la Recepción.* *Por su propia seguridad, rogamos exhiban la tarjeta de identificación al firmar sus notas de crédito.*

Ejemplo modelo de tarjeta de registro

- **Parte de entrada.** Es un impreso oficial, facilitado por la Dirección General de la Policía, que hay que cumplimentar por cada persona alojada en el hotel mayor de 16 años, según dice la Orden de 14 de febrero de 1992. En la práctica, solo se pide un DNI por habitación. Tiene el mismo formato para españoles y extranjeros, y está formado por tres copias. Una es para el hotel y las otras se deben llevar a la Policía Nacional antes de 24 horas.
- **Libro de registro.** Contiene todos los datos de los partes de entrada. Los establecimientos deben conservarlo al menos durante cinco años, que estarán a disposición de las Fuerzas y Cuerpos de Seguridad del Estado.
- **Libro de recepción.** Cada vez que se registra un cliente, se anota en él, el número de habitación, nombre del cliente, personas que ocupan la habitación y el importe que se va a cargar diariamente en concepto de alojamiento y pensión. En la salida se procede igual. Estas operaciones sirven para comprobar que recepción ha abierto contablemente cada una de las habitaciones que han llegado, ha dado salida a todas las que se han marchado y ha cobrado correctamente todos los conceptos de alojamiento y pensión.

Estancia del cliente

De entre la documentación generada durante la estancia del cliente, es importante destacar:

- **Hoja de reclamaciones.** Todas las empresas están obligadas a disponer de hojas de reclamaciones y entregarlas a los clientes cuando estos las soliciten.
- **Partes de averías.** Las averías pueden ser informadas bien por el cliente a recepción, o bien por la camarera de pisos a la gobernanta. En ambos casos, se cumplimenta un parte que irá dirigido al departamento de mantenimiento.
- **Estadísticas oficiales.** Una vez al mes, y con carácter obligatorio, el Instituto Nacional de Estadística (el INE) envía a los establecimientos hoteleros una encuesta que se remite posteriormente a la delegación provincial del INE, con cuyos datos se elabora el anuario de estadísticas de turismo.
- **Informe a la gobernanta.** Es el informe que mostrador elabora a la gobernanta con todas las habitaciones que han sido ocupadas, diferenciando las que son de salida y las que han salido ya. Igualmente, deberá incluir información de las salidas y prolongaciones de estancia imprevistas.
- **Atenciones a VIP.** Es el impreso que el recepcionista cumplimenta con las atenciones previstas a VIP para la gobernanta o *room service*.

➲ **Listado de *no show*.** Se realiza al finalizar el día o en el turno de noche con los clientes que tenían una reserva y no la han cancelado ni se han presentado. Se remite al jefe de recepción o al director, que determinará si se hace uso del depósito entregado, en el caso de que lo hubiere, o se le exige el pago de los servicios contratados.

➲ **Listado de clientes alojados y salidas previstas.** Se elabora en el turno de noche con el objeto de cuadrar la cuenta de habitaciones con el libro de recepción, y de informar al resto de los departamentos de la ocupación para la organización de su trabajo.

➲ **Previsión de ocupación y régimen alimenticio.** A partir de los datos del anterior listado, el recepcionista del turno de noche elabora esta previsión que deberá remitir a la dirección y al resto de departamentos que presten algunos de los servicios.

Proceso de salida del cliente

De entre la documentación generada en el proceso de salida del cliente, es importante destacar:

➲ **Vale de servicio.** Es el impreso mediante el cual cualquier departamento de venta (bar, cafetería, lavandería, teléfonos, etc.) va a acreditar un consumo realizado por un cliente, no pagado sino cargado en la cuenta de la habitación para ser pagado posteriormente en la factura. Supone, por lo tanto, un cargo a crédito, y debe, por lo tanto, ser firmado por el cliente para que tenga validez. Si la facturación es manual, constará de dos copias: una se la queda el departamento que ha prestado el servicio y la otra es para facturación. Si el hotel dispone de terminales (TPV) conectadas al programa principal, los cargos se harán automáticamente.

➲ **Factura.** Es el documento de pago en el que se reflejan los servicios facturados al cliente. Los datos que debe contener son: datos de la empresa, número de factura, datos del cliente, número de habitaciones y servicios contratados, detallando los precios, y el IVA correspondiente. Por cada habitación se abre una factura como mínimo.

➲ **Parte de caja.** Es el documento de pago en el que se reflejan los servicios facturados al cliente. Los datos que debe contener son: datos de la empresa, número de factura, datos del cliente, número de habitaciones y servicios contratados, detallando los precios, y el IVA correspondiente. Por cada habitación se abre una factura como mínimo.

➲ **Arqueo.** Es el documento con el total de caja, que se adjunta al anterior, en el que se desglosan por tipo de cobro y cantidad.

➲ **Parte de créditos.** Es el listado que contiene el total de las facturas pagadas a crédito de agencias, mayoristas, empresas, etc. Este listado, junto con las facturas, pasará a gestión de cobros.

↪ **Listado de facturas emitidas.** Es la relación de todas las facturas emitidas, con numeración correlativa y forma de pago. Deben incluirse en él también las facturas anuladas.

IMPORTANTE

Además de los documentos citados, la gestión de establecimientos hosteleros también hacen necesarios otros documentos como son:

- **Vales de pedido.** Emitidos por cada departamento en función de sus necesidades y los remiten a economato, al que le servirá de justificante para dar salida a los artículos y para imputar el consumo al departamento correspondiente.
- **Órdenes de trabajo cursadas por cada departamento.** Son las órdenes de trabajo que se remiten al departamento de mantenimiento.
- **Comanda.** Es el vale que por triplicado efectúa el *maître* de los manjares y bebidas que los clientes van a tomar.

TAREA 2

Semanalmente se lleva a cabo una reunión de jefes de departamento en la que se expone la ocupación de la próxima semana, los eventos contratados, posibles eventos a gestionar, etc.

Uno de los eventos a organizar consiste en una boda multitudinaria, en la que además de ofrecer un servicio de cena, se requiere el alojamiento de gran parte de los invitados, así como servicios de *spa*, peluquería, etc.

Describe una estructura adecuada a imponer en torno a la organización de este evento, además, especifica las relaciones interdepartamentales necesarias para que se lleven a cabo de forma correcta las tareas propias de organización de este tipo de servicios, dando una mayor importancia a aquellas relacionadas con el departamento de limpieza en alojamientos.

----

3. Gestión de los alojamientos turísticos

☞ HILO CONDUCTOR

La cadena hotelera Fabián & Company ha decidido ampliar su oferta hotelera hasta llegar a pequeños pueblos del interior. Para ello, la opción elegida han sido los alojamientos rurales, incluyendo tanto casas como hoteles rurales. Para ello, el primer paso ha consistido en recopilar la normativa que regula dichos establecimientos en cada comunidad, presentando una gran diferenciación, tanto constructivas como de exigencias administrativas.

- -

Los establecimientos de alojamiento turístico son aquel tipo de establecimientos que facilitan alojamiento, de forma habitual y profesional, con o sin otros servicios complementarios, que están sujetos a clasificación y que, además de tener publicados los precios, perciben dinero en contraprestación por los servicios que prestan, precisando una autorización administrativa para su explotación.

Los alojamientos turísticos se clasifican en dos grandes grupos:

- ⮑ **Establecimientos de alojamiento turístico hotelero.** Engloba a hoteles, hoteles apartamentos, hostales, pensiones, y todos aquellos hoteles con especialización, como los paradores, clubs, resorts, etc.
- ⮑ **Establecimientos de alojamiento turístico extrahotelero.** Engloba a apartamentos turísticos, inmuebles de uso turístico de aprovechamiento por turnos, campamentos de turismo o *camping,* alojamientos rurales, balnearios, ciudades de vacaciones, residencias de tiempo libre y viviendas turísticas.

NOTA

Las diferencias entre los establecimientos hoteleros y los extrahoteleros radican en sus elementos tangibles, como el propio edificio o el grado de urbanización, y en sus elementos intangibles, es decir, los servicios que ofertan.

- -

3.1. Hoteles y apartahoteles

Se define hotel como aquel establecimiento que facilita alojamiento con o sin otros servicios complementarios, distintos a los de las otras dos modalidades (apartahoteles y pensiones).

La diferencia entre los hoteles y los apartahoteles reside básicamente en la unidad de alojamiento, es decir, lo que llamamos habitación, que en el caso de los hoteles suelen ser dobles o individuales, y en los apartahoteles ofrecen una o más habitaciones, con salón y sofá cama y las instalaciones necesarias para la elaboración y conservación de alimentos.

Son los establecimientos que cuentan con una mayor variedad de servicios, variando estos según su categoría.

Se califican ambos entre una y cinco estrellas, además de por los servicios que ofertan, en función de la superficie de las unidades de alojamiento, salones y demás instalaciones.

NOTA

En algunas comunidades, la calificación de estrellas puede ir acompañada de Superior, para el caso de los establecimientos de tres y/o cuatro estrellas, o de Lujo, para los de cinco estrellas.

Deben mostrar en la puerta de acceso al establecimiento una placa de color azul con una letra en blanco, una H en el caso de los hoteles y una HA en el caso de los apartahoteles.

Algunas comunidades autónomas, además de las categorías, les atribuyen a los hoteles y apartahoteles, especialidades y modalidades, del tipo: de turismo familiar, hospedería, urbano, emblemático, rural, de carretera, de playa, de montaña, gastronómico, con historia, de congresos y eventos, salud, enoturístico, etc. regulándose en todo momento el distintivo a mostrar.

EJEMPLO

La comunidad de Castilla y León, establece en el ANEXO V del Decreto 65/2015, de 8 de octubre, los diferentes distintivos normalizados, siendo un ejemplo el siguiente:

Placa identificativa hotel de 1 estrella

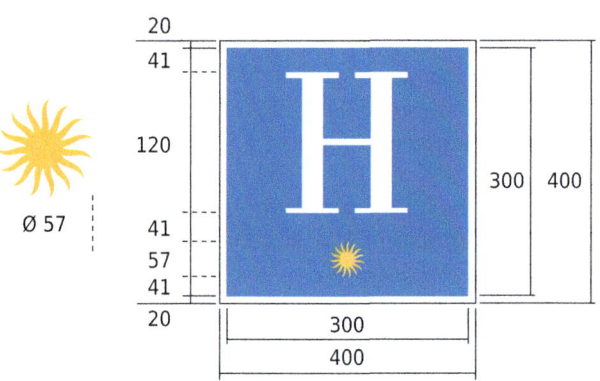

 ACTIVIDAD COMPLEMENTARIA

1. Centrándote en los hoteles y apartahoteles, lleva a cabo una búsqueda de las diferentes especificaciones que muestra la normativa vigente, basándote para ello en dos comunidades autónomas de tu elección, en relación tanto a las placas identificativas asignadas como a las características constructivas que deben presentar.

3.2. Pensiones

La diferencia principal entre los hoteles y las pensiones es la menor oferta de servicios e instalaciones, tanto en cantidad como en calidad.

Dentro de este grupo, se engloba a todos aquellos establecimientos con una oferta similar y que se vienen denominando como hostales, fondas y casas de huéspedes.

Al igual que en los hoteles y apartahoteles, las pensiones deben mostrar en la puerta de acceso al establecimiento una placa de color azul con una letra en blanco, pero en este caso la letra será una P.

Diseño placa identificativa correspondiente a Pensión

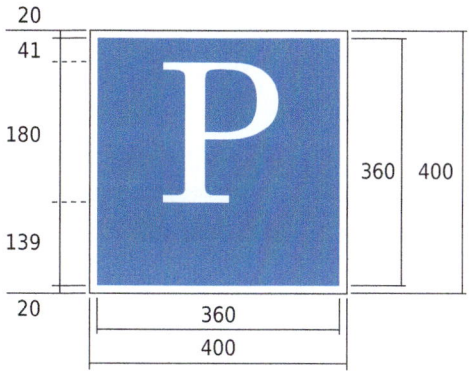

 **NOTA**

En algunas comunidades autónomas, este grupo de establecimientos se califica con dos categorías, es decir, una o dos estrellas, mientras que en otras, solo se contempla para ellas una única categoría.

3.3. Apartamentos turísticos

Son apartamentos turísticos las edificaciones permanentes que están compuestas por un conjunto de unidades de alojamiento destinadas a prestar el servicio de alojamiento turístico, que cuenten con mobiliario e instalaciones adecuadas para la conservación, elaboración y consumo de alimentos y bebidas dentro de cada unidad de alojamiento, así como con los servicios y suministros adecuados que permitan su ocupación inmediata, y que se puedan alquilar por días, semanas o meses.

Se distinguen tres tipos de apartamentos turísticos:

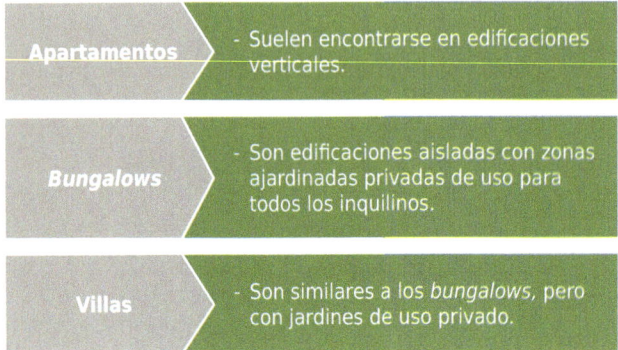

Apartamentos	- Suelen encontrarse en edificaciones verticales.
Bungalows	- Son edificaciones aisladas con zonas ajardinadas privadas de uso para todos los inquilinos.
Villas	- Son similares a los *bungalows*, pero con jardines de uso privado.

La placa distintivo que deben mostrar en su entrada será de color rojo llama, con las letras en color oro AT.

Lo más habitual es que se califiquen con llaves, desde una hasta cuatro, correspondiendo estas a las categorías de primera, segunda, tercera o lujo. Pero en otras comunidades, se califican de diferente forma.

Ejemplo placa identificativa impuesta por el Decreto 12/2017, de 26 de enero de la Comunidad Autónoma de Galicia

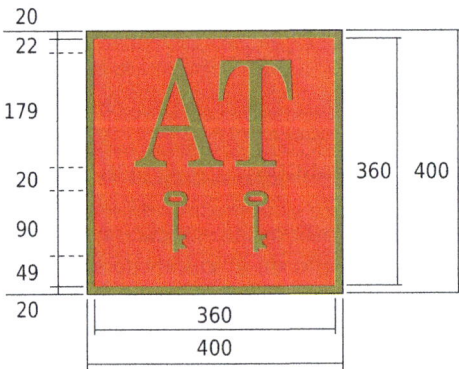

👁 EJEMPLO

En las Islas Canarias, los apartamentos turísticos se clasifican al igual que en los hoteles con estrellas, desde tres hasta cinco.

- -

3.4. Inmuebles de uso turístico en régimen de aprovechamiento por turnos

Se ha venido denominando como multipropiedad o como residencias o apartamentos de tiempo compartido, si bien ambos son jurídicamente incorrectos.

La normativa vigente los define como el ejercicio, transmisión y extinción del derecho de aprovechamiento por turno de bienes inmuebles, que atribuye a su titular la facultad de disfrutar con carácter exclusivo, durante un periodo específico cada año (no inferior a siete días seguidos, siendo todos los turnos de la misma duración), un alojamiento susceptible de utilización independiente, dotado permanentemente de mobiliario adecuado y de servicios complementarios.

3.5. Campamentos de turismo o *campings*

Son los establecimientos que se caracterizan por tratarse de un espacio de uso público delimitado y vallado, en el que se pernocta en alojamientos que suelen ser móviles, y que permite el disfrute del ocio al aire libre, el contacto con la naturaleza y fomenta las relaciones sociales.

Se califican en las categorías de lujo, primera, segunda y tercera, y su distintivo es una tienda triángulo.

Las nuevas tendencias han introducido en estos espacios dos nuevas formas de alojamiento "no móviles", los *mobil home,* que son módulos construidos mediante paneles, y los *bungalows,* que son casas de madera.

3.6. Alojamientos rurales

En este tipo de alojamientos, la diversidad de denominaciones es muy amplia, según en la comunidad autónoma que nos encontremos. Así, podemos encontrar masías, casas de pueblo, casas de labranza, casas rurales, cortijos, casonas, pazos, posadas, casas de aldea, hoteles rurales, etc.

Pero a pesar de la diversidad terminológica, derivada de las diversas legislaciones, a todas ellas se les suele exigir una serie de requisitos, tales como:

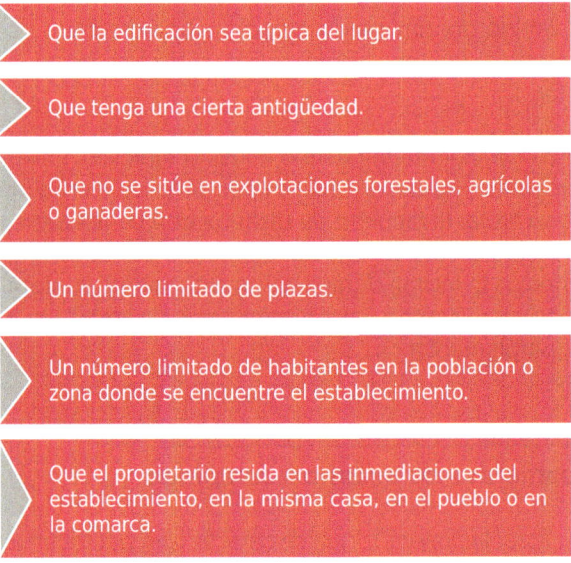

> Que la edificación sea típica del lugar.

> Que tenga una cierta antigüedad.

> Que no se sitúe en explotaciones forestales, agrícolas o ganaderas.

> Un número limitado de plazas.

> Un número limitado de habitantes en la población o zona donde se encuentre el establecimiento.

> Que el propietario resida en las inmediaciones del establecimiento, en la misma casa, en el pueblo o en la comarca.

IMPORTANTE

Los alojamientos rurales, según la comunidad autónoma, utilizan distintivos diferentes.

Ejemplo distintivos de hotel rural y casa rural de cinco estrellas pertenecientes a turismo rural de Castilla y León

 ACTIVIDAD COMPLEMENTARIA

2. Lleva a cabo un estudio sobre la normativa propia de tu comunidad autónoma, llevando una comparativa con otra de tu elección, destacando aquellas exigencias que te resulten más relevantes y diferenciadoras. Todo ello entorno a los establecimientos de turismo rural.

3.7. Balnearios

Para algunas comunidades autónomas, son un tipo más de alojamiento turístico, en algunos casos hoteleros, y para otras no son propiamente un establecimiento de alojamiento turístico. Pero lo que sí está claro es que estos centros termales con sus instalaciones con fines terapéuticos, aguas minoromedicinales, tratamientos termales u otros medios físicos naturales, cada día están adquiriendo una mayor importancia en los períodos vacacionales y de ocio de nuestra sociedad.

Así, dos figuras, aparecen cada vez más en los establecimientos de alojamiento turístico como un servicio indispensable: el *spa* y el *wellness center.*

DEFINICIÓN

Spa (Saluten per aqua)
Es una instalación urbana en la que el agua es el elemento principal para eliminar el estrés.

Wellness center
Aúna gimnasio, saunas, masajes, belleza, etc.

La oferta de todo balneario debe girar en torno al agua, complementándose o no con tratamientos de belleza, cuidados alimentarios, etc.

3.8. Otras denominaciones

Además de las denominaciones dadas, la oferta y por ello la normativa vigente diferencia otros establecimientos, haciéndolos característicos, bien por sus instalaciones o servicio, destacando:

- **Ciudad de vacaciones.** Se definen como aquellos establecimientos cuya situación, instalaciones y servicios permiten a los clientes el disfrute de vacaciones en contacto con la naturaleza, facilitando a un precio alzado el hospedaje en pensión completa, junto con la posibilidad de practicar deportes y participar en diversiones colectivas. Se califican con tres categorías: de primera, segunda y tercera categoría, cuyo distintivo son tres, dos y una estrella.

- **Viviendas turísticas.** Son los inmuebles, cuyo uso se cede mediante precio con habitualidad, en condiciones de inmediata disponibilidad, y con fines turísticos, vacacionales o de ocio.

  Son una tipología que cada vez más se está regulando por parte de las comunidades autónomas para evitar la competencia desleal, posibles situaciones de clandestinidad, así como para potenciar y asegurar la calidad de estos establecimientos y contribuir, por tanto, a la profesionalización del sector.

- **Residencias de tiempo libre.** Son alojamientos propiedad de sindicatos o de otros organismos públicos o privados, y a pesar de que no están reguladas por la administración turística, son establecimientos de gran importancia para el sector, ya que prestan un servicio de turismo social.

- **Motel.** Se trata de establecimientos de paso, situados cerca de la red vial con acceso directo a las habitaciones y contando con amplias zonas de estacionamiento.

- **Hostel/Albergue.** Se trata de instalaciones *low-cost,* con una oferta basada en habitaciones individuales y compartidas, pudiendo compartir espacios como la cocina y los baños.

ACTIVIDAD

1. Lleva a cabo un estudio de los denominados hotel *boutique* y *resort*, considerándose como nuevos modelos o denominaciones en base a tipos de ofertas específicas, así como otras implantadas en la oferta actual, describiendo sus características.

TAREA 3

La continua expansión de la cadena hotelera Fabián & Company hace que se piense en incluir un nuevo establecimiento turístico en la Bahía de Cádiz. Para ello, su proyecto se va a llevar a cabo en base a uno de los proyectos ya implantados en la Comunidad de Castilla y León, debido a su éxito.

¿Se actúa de forma correcta? ¿Qué se debería tener presente antes de imponer esta decisión?

Continúa en página siguiente >>

<< Viene de página anterior

Como responsable y auditor externo de la empresa, expón una justificación de la decisión a tomar.

- -

4. Resumen

La industria hotelera constituye una pieza clave y fundamental dentro del sector turístico, impulsora de un turismo competitivo motor de la economía.

Para ello, la planta de alojamientos debe girar en torno a los criterios de calidad total, dentro de los cuales es preciso potenciar su calidad interna, entendida esta como la mejora en la organización y gestión de los servicios.

En la actualidad, con la competencia exclusiva en materia de promoción y ordenación de las comunidades autónomas, cada una de ellas ha aprobado diferentes normativas de regulación de estos establecimientos. Y se clasifican en:

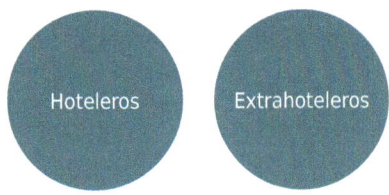

La organización, una de las funciones administrativas de la dirección, es un criterio fundamental en la búsqueda de la calidad total, y entendemos a esta en el ámbito empresarial, como la forma en que las empresas disponen sus medios, materiales y humanos, al tiempo que establecen reglas para alcanzar las metas propuestas bajo criterios de eficiencia.

Una de las primeras acciones que se deben emprender en la organización de una empresa es su departamentalización, es decir, el proceso de repartir funciones, de la división del trabajo, que lo representaremos gráfica y esquemáticamente mediante los organigramas. Los departamentos que suelen comprender las estructuras de los establecimientos de alojamiento turístico son:

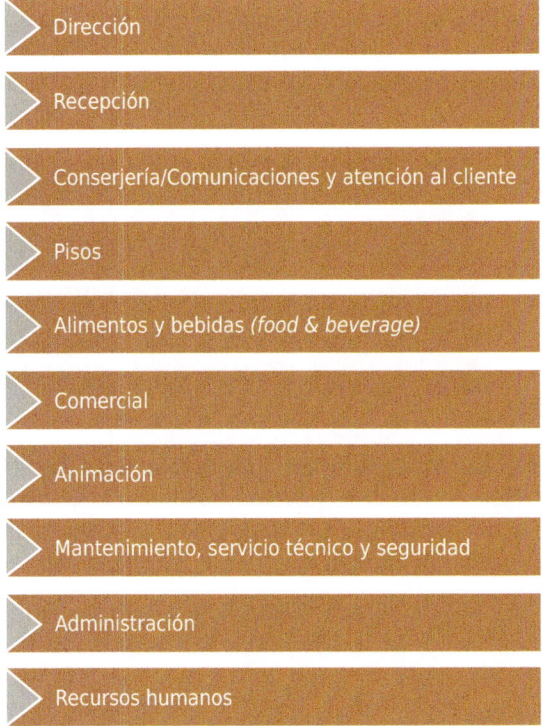

Entre ellos, y también con el exterior, se dan una serie de relaciones cuya gestión es fundamental para una correcta prestación del servicio, así como el estudio y conocimiento de la información que de ellas se derivan, y de los documentos a utilizar.

Será fundamental en la organización de toda empresa hostelera el conocer y manejar la documentación relacionada con su gestión, siendo:

Además, la estancia de todo cliente, así como la puesta a punto de todo establecimiento, requiere de documentación específica, destacando algunos registros como los relacionados con:

Finalmente, es importante destacar que las características de todo alojamiento turístico vienen reguladas por normativa, debiéndose considerar tanto de forma nacional como autonómica, existiendo diferencias entre clasificaciones, placas identificativas, características, etc.

Ejercicios de autoevaluación
Unidad de Aprendizaje 1

1. Todo proceso organizativo debe establecer...

    a. ... las tareas que deben acometerse.
    b. ... quién debe realizar las tareas a acometer.
    c. ... quiénes son los responsables de cada departamento.
    d. Todas las opciones son correctas.

2. Indica si son verdaderas o falsas las siguientes afirmaciones relacionadas con el principio de especialización.

    a. Cada vez es más necesario la división del trabajo, lo que hace más eficaces a las personas y, por extensión, más eficientes a las empresas.

        ■ Verdadero
        ■ Falso

    b. La especialización de los trabajos no ayudan a la eficacia de las empresas, limitando el trabajo a desarrollar y como consecuencia el aumento de precios.

        ■ Verdadero
        ■ Falso

    c. La especialización de los trabajadores hacen menos eficaces a las personas y por extensión, menos eficientes para la empresa.

        ■ Verdadero
        ■ Falso

3. En toda empresa, se dan simultáneamente dos tipos de organización, diferenciando entre organización formal e informal. A su vez, estas se clasifican en...

a. ... clásicas, estructurándose por proyectos, matriciales y en redes.

b. ... modernas y clásicas, diferenciando a su vez en estructuras jerárquicas, funcional o mixta y por proyectos, matriciales y en redes en el segundo caso.

c. ... modernas, estructurándose de forma mixta o funcional.

d. ... matriciales o jerárquica, consistente en la unificación de varias empresas cada una de su especialidad.

4. Indica cuál de los siguientes son propósitos de la representación gráfica y esquemática de la departamentalización de una empresa.

a. Facilita la realización de modificaciones en la estructura de la empresa.

- ■ Verdadero
- ■ Falso

b. Dificulta el posicionamiento de los directivos y responsables, suponiéndoles una mayor categoría.

- ■ Verdadero
- ■ Falso

c. Indetermina el grado de jerarquización y dependencia del personal.

- ■ Verdadero
- ■ Falso

d. Pone de manifiesto los errores dados en la estructura.

- ■ Verdadero
- ■ Falso

5. El departamento de alojamiento o habitaciones engloba a los departamentos de recepción y pisos, que a su vez conjuga diferentes puestos. Relaciónalos.

> a. Pisos
> b. Lencería
> c. Facturación
> d. Reservas
> e. Lavandería
> f. Mostrador
> g. Limpieza
> h. Caja

> __ Recepción
> __ Pisos

6. En la descripción interdepartamental, se manifiesta que...

> a. ... el departamento de pisos no tiene relación con los departamentos de mostrador o almacén.
> b. ... el departamento de almacén y de pisos es constante, transmitiendo posibles reparaciones y averías.
> c. ... el departamento de pisos, junto con el departamento de lavandería, serán los encargados de establecer las posibles salidas de clientes.
> d. ... el departamento de pisos está estrechamente relacionado con los departamentos de mostrador, lavandería y lencería, almacén y servicio técnico, en relación a provisión de material, reparaciones y averías, provisión y limpieza de ropa, información sobre clientes hospedados, clientes VIP, control de habitaciones, etc.

7. Indica cuál o cuáles de las siguientes acciones son responsabilidad del departamento de pisos:

> a. Limpieza, mantenimiento y revisión de las habitaciones.

> ■ Verdadero
> ■ Falso

b. Conservación y control del mobiliario y enseres.

- ■ Verdadero
- ■ Falso

c. Limpieza de pasillos, escaleras y zonas nobles.

- ■ Verdadero
- ■ Falso

d. Cambios de ropa y atención al cliente.

- ■ Verdadero
- ■ Falso

e. Asistencia en llegada y salidas de viajeros, así como control de llaves.

- ■ Verdadero
- ■ Falso

f. Cobro de facturas, cambio de moneda extranjera y divisa.

- ■ Verdadero
- ■ Falso

g. Venta de habitaciones.

- ■ Verdadero
- ■ Falso

h. Difusión y promoción de programas de animación.

- ■ Verdadero
- ■ Falso

8. **¿Qué documentación deberá generar la camarera de pisos en relación a posibles averías en una habitación durante la estancia de un cliente?**

a. Parte de averías
b. Hoja de reclamaciones
c. Parte y libro de registro
d. *Room-rack* y *slip*

9. **Clasifica los siguientes establecimientos, en establecimientos hoteleros o extrahoteleros.**

    a. Pensiones
    b. Alojamientos rurales
    c. Paradores
    d. Hostales
    e. Balnearios
    f. Resorts
    g. Ciudades de vacaciones
    h. *Camping*
    i. Hoteles
    j. Viviendas turísticas

    ___ Hoteleros
    ___ Extrahoteleros

10. **¿Cuál es la principal diferencia entre los hoteles y las pensiones?**

    a. Las pensiones presentan una menor oferta de servicios e instalaciones, tanto en calidad como en cantidad.
    b. Su situación, no existiendo pensiones en los núcleos urbanos.
    c. Su precio, siendo mayor en la oferta de pensiones.
    d. Mientras que los hoteles deben estar registrados y mostrar de forma obligatoria la placa normalizada, las pensiones pueden optar a una comercialización secundaría, no siendo necesario su registro.

Gestión del área de trabajo

Contenido

Objetivos

El objetivo general de esta Unidad de Aprendizaje es:

→ Desarrollar de forma adecuada la planificación del departamento de pisos conociendo las funciones de sus integrantes y departamentalización.

Los objetivos específicos de esta unidad de aprendizaje son:

→ Identificar y establecer la departamentalización correcta del departamento de pisos en alojamientos.

→ Conocer las funciones características de las camareras de pisos.

→ Imponer una planificación adecuada para el desarrollo de la actividad de pisos.

1. Introducción

Conocidas las necesidades organizativas de las empresas hosteleras, así como los tipos de alojamientos turísticos, es importante ahora centrar los contenidos en torno al área de trabajo del departamento de pisos.

Para ello, es importante en primer lugar exponer los modelos característicos de organización en dicho departamento, para continuar con el estudio de las funciones atribuidas a las camareras de pisos y la planificación de su trabajo, ya que tanto por importancia como por volumen del departamento, será junto con el departamento de restauración, uno de los departamentos más influyentes en la correcta marcha del establecimiento. Por ello, se continuarán mostrando los casos que diariamente ocurren en la cadena hotelera Fabián & Company, facilitando una mayor practicidad a los contenidos expuestos.

2. Definición de la camarera de pisos y su departamento

☞ **HILO CONDUCTOR**

El área de pisos, no solo desarrolla su actividad en torno a la limpieza de habitaciones, sino que también se encargará de la limpieza y mantenimiento de las áreas comunes y nobles, así como del departamento de lavandería-lencería. Por ello, en el hotel Madison Palace, perteneciente a la cadena hotelera Fabián & Company, que dispone de dichas instalaciones se ha establecido una plantilla completa, diferenciando entre los puestos de gobernanta, camarera de pisos, limpiadora, auxiliares, etc.

El departamento de pisos forma parte del departamento de alojamiento, dentro del cual se encuentran también los departamentos de recepción, conserjería y comunicaciones.

Dentro del departamento de pisos, existen diferentes categorías y puestos de trabajo. La persona que dirige el departamento tiene el puesto de gobernanta/e, y a su cargo van a estar: el personal de limpieza de habitaciones, el personal de limpieza de zonas comunes y el personal de lavado y planchado de lencería. A su vez, dependiendo del tamaño del alojamiento, y el método de organización que lleven a cabo, puede haber entre el puesto gobernanta/e y sus empleados un puesto intermedio que ocupará la subgobernanta o el subgobernante.

La organización de un departamento implica conocer los puestos de trabajo, y ordenarlos de tal forma que todos los empleados consigan ser lo más eficiente posible dentro de la estructura de la empresa, utilizándose para ello los modelos lineal y funcional.

2.1. Lineal

Este modelo organizativo es el más tradicional. En él toda responsabilidad descansa en el jefe, quien da órdenes directas al personal que compone su área.

Este modelo cuenta con ventajas como:

- La autoridad y la responsabilidad están claramente definidas.
- Los empleados reconocen a su encargado fácilmente.
- Las órdenes se adoptan de forma rápida, sin intermediarios.

Pese a dichas ventajas, el modelo lineal también cuenta con inconvenientes como son:

- No permite una especialización de las funciones, ya que el personal lleva a cabo la realización de tareas diversas.
- La supervisión completa de todas las actividades es labor complicada, impidiéndose el seguimiento de toda la estructura por una misma persona responsable.

Un departamento de pisos organizado mediante un modelo lineal tendría como ejemplo la siguiente estructura:

**Representación de un departamento de pisos
con organización lineal**

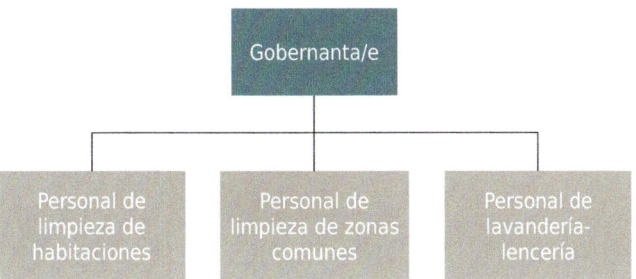

2.2. Funcional

Este modelo trata de dirigir la autoridad hacia las actividades, y no hacia el personal, como sí lo hacía el anterior. Ahora, en lugar de existir una persona que ejerce de jefe sobre el resto de empleados a su cargo, de lo que se trata es de dividir las actividades que hay dentro de la empresa, y poner a alguien al frente de las mismas. De esta forma se descentraliza el poder y se crean mandos intermedios.

Las ventajas que proporciona este modelo organizativo son:

➲ Permite la especialización en los puestos de trabajo.
➲ Aumenta la eficiencia y productividad del departamento, ya que el personal está mejor formado en sus tareas, debido a la posibilidad de especialización.
➲ Cada encargado se responsabiliza de unas funciones más acotadas, por lo que su trabajo es más eficaz.

Por el contrario, también presenta algunos inconvenientes, siendo un ejemplo los siguientes:

➲ Al existir un mayor número de mandos, si no se coordinan bien, puede dar lugar a confusiones y problemas internos.
➲ Los empleados y las empleadas pueden encontrarse encasillados en su puesto, debido al alto nivel de especialización, lo que puede acarrear desmotivación y frustración laboral.

Un ejemplo de organización funcional se puede representar por ejemplo de la siguiente forma:

**Representación de un departamento de pisos
con organización funcional**

```
                    ┌──────────────┐
                    │ Gobernanta/e │
                    └──────────────┘
        ┌──────────────────┼──────────────────┐
┌───────────────┐  ┌───────────────┐  ┌───────────────┐
│ Subgobernanta/e│  │  Encargada/o  │  │  Encargada/o  │
│ de habitaciones│  │  de limpieza  │  │ de lavandería-│
│               │  │               │  │    lencería   │
└───────────────┘  └───────────────┘  └───────────────┘
┌───────────────┐  ┌───────────────┐  ┌───────────────┐
│  Personal de  │  │  Personal de  │  │  Personal de  │
│  limpieza de  │  │ limpieza de zonas│ │  lavandería-  │
│  habitaciones │  │    comunes    │  │    lencería   │
└───────────────┘  └───────────────┘  └───────────────┘
```

2.3. Organigrama

Elegido uno u otro tipo de organización, el departamento de pisos incluye en su organigrama la siguiente estructura en base a su cometido, describiéndose sus competencias y responsabilidades, pudiendo integrarse y complementarse con personal extra, o subdivisión de departamentos en torno al volumen de trabajo, sistema organizativo o servicios a cubrir.

Gobernante/a general

Es la responsable del departamento, supervisando la limpieza y preparación de las habitaciones, salones y de todas las dependencias de las que cuente el establecimiento. Deberá gestionar tanto al personal como los insumos de su departamento.

Subgobernante/a de habitaciones

Además de asistir a la gobernanta general, será la encargada de supervisar el trabajo de las habitaciones, así como ayudar a la gestión de turnos y planificación de trabajo. Deberá inspeccionar todas aquellas dependencias que estén bajo su supervisión, pasando a informar de irregularidades tanto a su superior como a departamentos anexos asociados al mantenimiento de reparaciones necesarias, etc.

Valet

Su función se relaciona con las tareas de apoyo y limpieza de zonas asignadas. Realiza tratamientos específicos en suelos, alfombras, ventanales, cubos de basura, etc. así, como asiste al mantenimiento de aspiradoras, pulimentadoras, etc. Su trabajo también se asocia con el traslado de muebles, rotación de colchones, así como de elementos pesados. Finalmente, será el encargado de abastecer y recoger la ropa de los diferentes *offices,* así como la basura.

Camarero/a de pisos

Será la encargada de llevar a cabo la limpieza y orden de las habitaciones y zonas anexas a estas como pasillos, recibidores, etc.

Auxiliar de pisos

Deberá asistir a la camarera de pisos, ayudándole en situaciones de carga de trabajo excesiva.

Subgobernante/a de zonas nobles y comunes

Además de asistir a la gobernanta general, será la encargada de supervisar el trabajo de las áreas públicas del establecimiento, así como ayudar a la gestión de turnos y planificación de trabajo. Deberá inspeccionar todas aquellas dependencias que estén bajo su supervisión, pasando a informar de irregularidades tanto a su superior como a departamentos anexos asociados al mantenimiento de reparaciones necesarias.

Limpiador/a

Se trata del personal encargado de la limpieza y orden de las áreas públicas del establecimiento, estando representadas en caso de un hotel por las zonas de recepción, restaurante, servicios, etc.

Auxiliar de limpieza

Deberá asistir a la limpiadora, ayudándole en situaciones de carga de trabajo excesiva.

Encargado/a de lavandería-lencería

Se encargará de la supervisión del trabajo de las áreas de lavandería y lencería, ayudando a la gobernanta general a la asignación de turnos y planificación del trabajo del departamento. Deberá controlar la entrada y salida de insumos, así como de la lencería interna y externa del establecimiento, sin olvidar la ropa de clientes y uniformes del personal con asignación de lavandería.

Costurero/a

Se hace cargo del arreglo de todos los desperfectos de la ropa y en caso contrario darlas de baja. Será el responsable de la solicitud de compra de materiales y suministros para la costura.

Lencero/a

Se encargará del control y manejo de los suministros y ropa del hotel. Llevará a cabo la solicitud de suministros y materiales de uso común, ayudando en todo momento al encargado de lavandería-lencería. Será responsable de su área de trabajo, etc.

Lavandero/a

Se encarga del lavado o limpieza, secado y planchado de toda la ropa del hotel y clientes. Deberá conocer el tratamiento de cada prenda así como la aplicación de tratamientos de tintorería y desmanchado.

Auxiliar de lavandería, lencería y costura

Deberá asistir al personal del departamento ayudándole en situaciones de carga de trabajo excesiva.

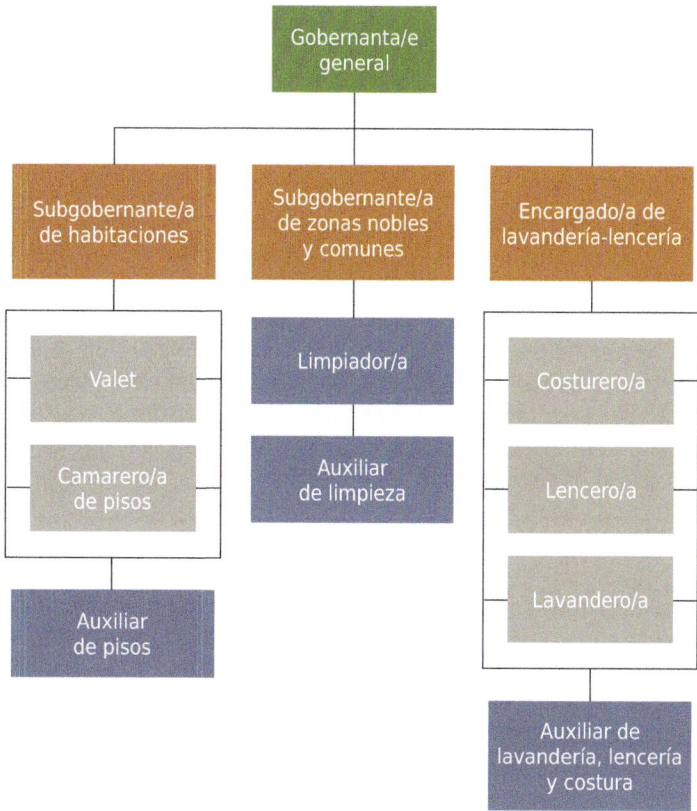

 **TAREA 4**

La reforma del hotel Madison Palace hace que sus nuevas instalaciones dispongan de una nueva zona de ocio, concretamente una sala de juego y una nueva ala con 20 nuevas habitaciones.

Con el fin de no cargar con más trabajo a las integrantes del departamento de pisos existentes, se abre una bolsa de trabajo. Como gobernanta general del establecimiento, ¿qué puestos de trabajo ofertarías? Justifica tu respuesta, exponiendo un supuesto organigrama en los que se incluyan.

3. Preparación de la habitación de hotel

☞ HILO CONDUCTOR

El nuevo hotel Madison Palace perteneciente a la cadena hotelera Fabián & Company incluye grandes zonas ajardinadas, así como un gran *hall*. Esto ha hecho que la organización del departamento de pisos requiera incluir una plantilla extra para la limpieza de dichas dependencias. Además, la distribución de sus diferentes plantas hace que se requiera la instalación de dos *offices* por planta, instalándose uno en cada ala, lo que también influirá en la organización del trabajo. Por tanto, no solo el número de habitaciones o su diseño influirán en la determinación y organización del personal, sino que también se debe considerar el resto de áreas relacionadas.

En el departamento de pisos se organiza el trabajo por áreas. Así, y aunque esto puede variar, por lo general, existe personal para la limpieza de habitaciones, mientras que también habrá otro número de empleados que se ocuparán de la lavandería, y, además, estaría el personal de limpieza de las zonas nobles o zonas de servicio. Todos ellos dispondrán de una zona propia, como es el *office* de pisos. A continuación, se van a describir cada uno de estos espacios.

3.1. Espacios físicos del departamento de pisos

Dentro del departamento de pisos, tanto la gobernanta como el resto de empleados que forman parte de esta área van a tener como campo de trabajo los siguientes espacios.

Habitaciones de clientes

Esta es la zona clave del departamento. La zona de las habitaciones es la que enfoca casi toda la atención, ya que es el servicio principal que el alojamiento vende a los clientes. Por ello, es la que más beneficios generan, y debe estar siempre en perfectas condiciones. Se compone tanto de las citadas habitaciones como de los pasillos que dan acceso a ellas, además de ascensores y escaleras. También en esta zona se encuentran los *offices* de pisos.

Las habitaciones, pasillos y office de planta son las instalaciones más importantes a controlar en el departamento de pisos.

Zonas nobles

También conocidas como zonas comunes. Se trata de las áreas que quedan fuera de las habitaciones y son utilizadas por el cliente, exclusivamente. Esto quiere decir que el personal que se encuentre en estas zonas lo debe hacer con fines laborales, debidamente uniformados, ofertando un servicio. En las zonas nobles también debe haber un *office* de limpieza, para el personal encargado de su puesta a punto. Son zonas también muy importantes, ya que los clientes pasan en ellas un tiempo considerable, y actúan de escaparate del alojamiento, por lo que su limpieza y puesta a punto debe ser inmejorable.

Un claro ejemplo de estas zonas es la recepción.

Zonas de servicio

También denominadas zonas internas. Son aquellas áreas destinadas al personal de la empresa, donde se encuentran las instalaciones para descansar o comer, también donde pueden situarse los vestuarios y aseos propios; incluso puede que cuenten con una parte de alojamientos para trabajadores. Además, también se puede ubicar en las zonas de servicios algunas oficinas o despachos de administración.

Al igual que las zonas de clientes, las zonas destinadas al personal deberán garantizar su inocuidad, promoviendo al mismo tiempo las relaciones interdepartamentales.

Zonas externas

Son aquellas que dan acceso al alojamiento, como jardines y aparcamientos. Debe prestarse mucha atención a ellas, ya que, al igual que ocurre con las zonas nobles, dan una imagen del alojamiento clave para el cliente. Un mal aspecto de la zona externa puede crear una mala opinión del interior.

El mantenimiento de las zonas externas requiere la máxima atención, siendo fiel reflejo de una gestión adecuada.

Zona de lavandería-lencería

El área de lavandería es la encargada del lavado, planchado y puesta a punto de la ropa del alojamiento y/o de los clientes, mientras que el área de lencería se encarga de organizar dicha ropa, así como efectuar arreglos de costura y dejarla dispuesta, tal y como debe recogerse por el personal de pisos. Ambas áreas puede que se encuentren en la misma zona o separadas, dependiendo del espacio disponible y volumen de trabajo. En todo caso, esta es una zona que en la mayor parte de los alojamientos está empezando a desaparecer, ya que se está externalizando este servicio, de modo que es otra empresa especializada la encargada de recoger la ropa y devolverla, una vez lista y preparada para su uso nuevamente.

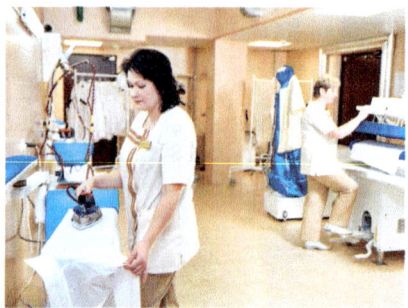

Las instalaciones de lavandería y lencería requieren un exhaustivo mantenimiento que aseguren la calidad del servicio prestado.

 **NOTA**

En el caso de contar con una empresa externa para llevar a cabo la gestión de lavandería y lencería se debe asegurar su gestión, solicitando los registros pertinentes en torno a políticas de gestión y calidad.

3.2. Dependencias e instalaciones

Conocidos los principales espacios físicos del departamento de pisos, también es importante conocer las dependencias e instalaciones que pueden encontrarse en cada uno de ellos, permitiendo así plantear las necesidades organizativas de cada una. Dichos espacios y su determinación se relacionarán con las características del establecimiento, cumpliendo con las normativas que lo regulan, quedando establecidas tanto sus características como sus calidades y dimensiones:

- **Habitaciones de clientes.** Las dependencias o instalaciones características comprende la habitación en sí, incluyendo baño o aseo, cocina, salón u otras dependencias, según el tipo de alojamiento, los pasillos de acceso, los ascensores y escaleras y el *office* de pisos.
- **Zonas nobles.** Las dependencias o instalaciones características comprende la recepción y conserjería, el *hall* o entrada, los salones de celebraciones, los restaurantes y/o bares, los aseos generales de clientes, el despacho de dirección, el gimnasio o sala *fitness*, la piscina y el solárium.
- **Zonas de servicio.** Las dependencias o instalaciones características comprenden los despachos de departamentos, los almacenes o economatos, los vestuarios, el comedor y área de descanso del personal, las

escaleras internas del personal, los montacargas y ascensores, el *office* de maquinaria y los aparcamientos del personal.

⮩ **Zonas externas.** Las dependencias o instalaciones características comprenden los jardines, los aparcamientos de clientes, los senderos o caminos de acceso al alojamiento, los elementos exteriores del edificio.

⮩ **Zonas de lavandería-lencería.** Las dependencias o instalaciones características comprenden la lavandería, la lencería y el *office* de lavandería-lencería.

3.3. Propuesta de ubicación y distribución en planta de mobiliario

Dependiente del tipo de alojamiento, su modalidad, su ubicación y su categoría, el mobiliario será diferente, así como su distribución. Así, por ejemplo, en un hotel urbano enfocado a clientes que viajan por negocios, las habitaciones cuentan con escritorios; en un hotel vacacional de playa, habrá balcones y/o terrazas equipadas con mobiliario de exterior; y en un hostal de carretera, se podrá encontrar lo más básico para el descanso. No obstante, a pesar de la gran variedad de mobiliario que se encuentra en los alojamientos, se van a proponer aquí los elementos que pueden formar parte de manera más genérica según las zonas, pudiendo ser:

⮩ **Pasillos.** Los pasillos deben estar despejados de obstáculos, para facilitar el paso del personal con carros, o para los clientes con algún tipo de dificultad por movilidad reducida o problemas de visión. Además, son caminos de salidas de emergencia, por lo que deben estar libres de objetos innecesarios. Pese a ello, pueden tener cuadros en las paredes, lámparas y cualquier otro elemento decorativo que no suponga un obstáculo.

⮩ **Zonas nobles.** En las zonas nobles existirá mobiliario que permita el descanso del personal, como sillones, sofás o sillas, así como papeleras, paragüeros, lámparas y alguna planta decorativa. Es recomendable que existan mesas o estanterías con información turística, prensa o cualquier otro tipo de facilidad informativa para el cliente.

⮩ **Baños zonas comunes.** En los baños de clientes debe haber siempre dispensadores de jabón, papel higiénico y papel de manos o máquina secadora de manos. También deben contar con los dispositivos para cambiar bebés, así como papeleras con tapa.

⮩ **Habitaciones.** Las habitaciones deben tener, como mínimo, camas, alguna silla, mesitas, armario, teléfono, televisión y lámparas (tanto de techo como auxiliares). Además, pueden contar con divanes, sofás, mesas, escritorios o cualquier otro mobiliario que el alojamiento disponga en función de su clientela.

◗ **Baños de habitaciones.** Los baños de las habitaciones, además de lo citado para los baños de zonas comunes, deben contar con las dotaciones o *amenities* propios del alojamiento.

4. Funciones de la camarera de pisos

 HILO CONDUCTOR

Manuel es camarero de pisos de la cadena hotelera Fabián & Company. En el día de hoy ha trasladado a su superiora la falta de *amenities* en uno de los *offices* de la tercera planta, lo que ha supuesto retrasar su labor, ya que ha tenido que esperar a que el valet, lo reponga, pasando entonces a reponer su carro.

La gobernanta, una vez resuelto el problema, ha revisado los niveles de *stock* facilitados en el día de ayer y no parece haber ninguna rotura de *stock,* por lo que se va a proceder a llevar a cabo una investigación con el fin de aclarar el error, evitando que pueda volver a ocurrir.

Los camareros/as de pisos son los profesionales integrados en el departamento de Pisos, dirigidos por el gobernante/a, considerándose piezas clave en la limpieza y estado de las habitaciones, así como zonas nobles y comunes.

Aunque de forma evidente, destaca como principal cometido de este departamento la limpieza, no es la única función atribuible, destacando al mismo tiempo aspectos como la atención al cliente o el mantenimiento del mobiliario o instalaciones, siendo acciones de dedicación diaria. Al mismo tiempo, las funciones de toda camarera de pisos se deben relacionar con una adecuada deontología profesional, reflejándose en todo profesional de este sector en los siguientes aspectos:

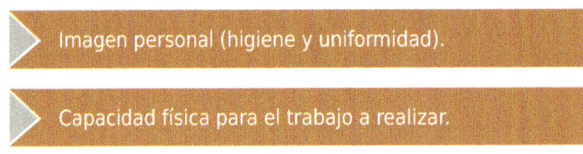

Imagen personal (higiene y uniformidad).

Capacidad física para el trabajo a realizar.

Continúa en página siguiente >>

<< Viene de página anterior

Capacidad para trabajar en equipo.

Educación y discreción en el trato con los clientes.

Profesionalidad en el uso de técnicas de limpieza, utilización de maquinaria, etc.

Disposición para recibir instrucciones sobre su trabajo.

Observador, cuidando pequeños detalles de orden, limpieza, etc.

La educación, disposición y discreción son aspectos notables a perseguir en los profesionales del departamento de pisos.

 **IMPORTANTE**

El trato con el cliente debe ser correcto, respetuoso y distante al mismo tiempo.

4.1. Relación de funciones

Las funciones generales del departamento de pisos referidas al mantenimiento de las instalaciones son las siguientes:

- Atender al cliente cuando lo solicite.
- Limpiar las habitaciones siguiendo las instrucciones y prioridades establecidas.
- Custodiar las llaves maestras que se le entregan para acceder a las habitaciones y devolverlas al final del turno.
- Cuidar el material y equipamiento de limpieza.
- Comunicar las averías para su posterior reparación.
- Retirar y entregar los objetos olvidados por los clientes en las habitaciones de salida para su registro.
- Cumplimentar el control que se le entrega al empezar el turno para reflejar el estado de cada habitación.
- Preparar el carro con todos los útiles y material de limpieza necesario para su trabajo.
- Mantenimiento preventivo del mobiliario e instalaciones que forman parte del alojamiento, ya que, al ser el departamento encargado de su puesta a punto, puede identificar futuros daños.
- Gestión de inventarios y mantenimiento de *stocks* de productos, útiles y demás herramientas necesarias para la realización diaria de sus tareas (utensilios de limpieza, lencería, etc.).
- En todos los hoteles donde así se establezca, deberá rellenar los minibares y llevar el control de su producción, comprobará lo consumido por el cliente.
- Colaborar en los cambios de habitación de los clientes.
- Colaborar en los bloqueos y desbloqueos de habitaciones.
- Limpiar pasillos y escaleras.
- Limpiar y ordenar el *office*.
- Limpiar el carro de trabajo.

Al mismo tiempo y de forma concreta en la limpieza de las habitaciones, las tareas a desempeñar son:

- Abrir las ventanas para ventilar la habitación.
- Retirar la ropa sucia del cliente y llevarla a lavandería.
- Hacer las camas.
- Limpiar el baño.
- Vaciar ceniceros y papeleras.
- Limpiar la habitación.
- Reponer toallas y dotaciones de habitación y baño.

◗ Aspirar la moqueta (si procediera) y fregar el suelo de la habitación y baño.
◗ Ambientar la habitación.

NOTA

Es importante indicar que, aunque de forma secundaría y no en todos los establecimientos, el departamento de pisos también engloba tareas relacionadas con el arreglo, lavado, secado y planchado de ropa, tanto propia, como de la clientela, asumiendo así la responsabilidad que conlleva su gestión.

4.2. Funciones relacionadas con el control del departamento

La gobernanta será la encargada del control de todo lo relativo al departamento de pisos, pero para ello, también necesitará de la colaboración del resto de personal del área.

Para realizar el control de todos los elementos que se han puesto a punto en una jornada, la gobernanta deberá verificar lo siguiente:

> Que las habitaciones y zonas comunes están ordenadas y su limpieza es la correcta.

> Que no existe ningún tipo de avería, o de lo contrario, deberá dar parte al personal de mantenimiento para solucionarla.

> Que no existan objetos olvidados por el cliente, para lo que necesita de la colaboración de todo el personal que ha efectuado previamente la limpieza de la habitación o demás zonas.

> Que el empleo de productos y maquinaria es el correcto, para evitar el malgasto material, los daños que se puedan producir por una mala aplicación de productos en determinadas superficies, o los riesgos derivados de una mala práctica con las herramientas o máquinas.

Para llevar a cabo el control de lo anterior, la persona responsable del departamento de pisos revisará diariamente:

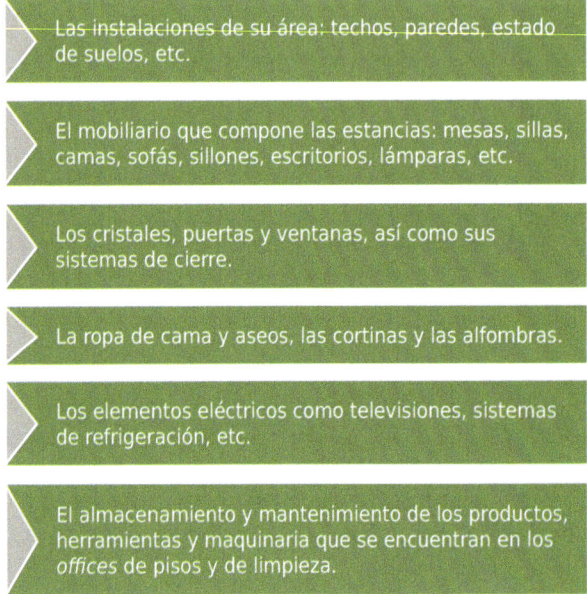

Las instalaciones de su área: techos, paredes, estado de suelos, etc.

El mobiliario que compone las estancias: mesas, sillas, camas, sofás, sillones, escritorios, lámparas, etc.

Los cristales, puertas y ventanas, así como sus sistemas de cierre.

La ropa de cama y aseos, las cortinas y las alfombras.

Los elementos eléctricos como televisiones, sistemas de refrigeración, etc.

El almacenamiento y mantenimiento de los productos, herramientas y maquinaria que se encuentran en los *offices* de pisos y de limpieza.

De la actividad de control de todo ello, se derivan una serie de partes informativos que serán rellenados por todo el personal del departamento de pisos. Así, para un objeto olvidado existirá un modelo de documento donde se anotarán la descripción de dicho objeto, persona que lo encontró, fecha y hora y la puesta a disposición del responsable del departamento. Para una avería, se dará notificación a la gobernanta o el gobernante por parte del personal que la ha identificado, y esta persona hará otro parte informativo de avería con los datos más importantes, para pasarlo al departamento de mantenimiento, y que este se encargue de su solución. También se ha comentado anteriormente que el personal de limpieza, todos los días, rellenará su parte de trabajo con las habitaciones o zonas que han limpiado, y lo entregarán a la persona responsable del departamento de pisos. Por último, se debe mencionar la nota informativa de reposición de material necesario que el personal del departamento pasará periódicamente a la gobernanta o gobernante para que este, a su vez, rellene los partes necesarios de inventarios y petición de *stock,* y así pase a su reposición y control.

NOTA

Además de todo ello, que forma parte de la actividad diaria del departamento de pisos, la gobernanta o el gobernante llevan un control periódico del estado de las instalaciones más minucioso, y prevén el cambio de decoración o las reformas necesarias en un largo plazo. Por ejemplo, llevando este control, que puede ser trimestral o semestral, se mostrará el momento en el que hay que cambiar los colchones de las camas porque ya están deteriorados.

ACTIVIDAD COMPLEMENTARIA

3. La normativa vigente, además de establecer las características referidas a las instalaciones destinadas al servicio público, también determinan la clasificación funcional y tareas que deben desarrollar. Esta normativa se asocia de igual forma a cada comunidad autónoma, aunque en conjunto su desarrollo tiene grandes similitudes con las del resto.

   Centrándote en tu comunidad autónoma, establece qué clasificación funcional y tareas se le asocian a cada uno de los integrantes del departamento de pisos.

APLICACIÓN PRÁCTICA

Hoy se ha producido una reclamación en torno a la habitación 516 del hotel Madison Palace. El cliente indica que la cisterna del WC no echa agua, no hay agua caliente y dos de los focos alógenos del baño están fundidos.

El director del establecimiento ha informado al departamento de mantenimiento, abriéndoles al mismo tiempo un expediente debido a la dejadez en su trabajo.

¿Se ha actuado de forma correcta en torno a la decisión tomada por parte de la dirección?

Continúa en página siguiente >>

<< Viene de página anterior

De no ser así, justifica cómo se debería haber afrontado la resolución del problema.

---

5. Planificación del trabajo

 HILO CONDUCTOR

Las nuevas incorporaciones al departamento de pisos de la cadena hotelera Fabián & Company han sido recibidas por la gobernanta, dándoles a conocer la metodología de trabajo a imponer. Con ello se pretende dar continuidad a la calidad impuesta por la cadena hotelera, evitar riesgos durante el proceso y sacar el máximo rendimiento a cada una de las nuevas incorporaciones, no mermando la calidad perseguida.

La camarera de pisos, para poder realizar su trabajo con éxito y rapidez, debe planificar el trabajo que realizará durante su jornada laboral, diferenciando como fases dentro de la organización las siguientes:

- **Inicio de la jornada, incorporación al puesto de trabajo.** La incorporación al puesto de trabajo debe realizarla correctamente uniformado. Seguidamente se pasará por el despacho de la gobernanta para recoger la llave maestra y la hoja de control de las habitaciones, donde aparecerá el estado de estas.
- **Preparación de materiales.** Tras conocer las zonas o habitaciones que le han sido asignadas, la camarera de pisos debe proceder a preparar los materiales que sean necesarios, dependiendo del tipo y situación de la habitación que vaya a limpiar, así como de la zona. Para ello deberá proceder a retirar la lencería del *office* (ropa de cama, ropa de baño, detalles de bienvenida, materiales de papelería, líquidos de limpieza, productos de reposición, bolsas de basura, etc.).

IMPORTANTE

El *office* y carro de la camarera de pisos deben estar siempre ordenados y limpios al final del turno, facilitando la labor de los turnos posteriores.

- -

○ **Establecer prioridad de limpieza.** Una vez conocidas las habitaciones a limpiar, se debe conocer cuál de ellas deben realizarse en primer lugar. Para ello se debe establecer la prioridad, siendo factores a considerar para ello los siguientes:

 ◑ **Primero**. Se realizarán las solicitadas por los clientes, mientras éstos están fuera de la misma.
 ◑ **Segundo.** Se procederá con las habitaciones de salida cuya previsión de ocupación sea inmediata.
 ◑ **Tercero.** Llevar a cabo las habitaciones ocupadas.
 ◑ **Cuarto.** Hacer las habitaciones de salida que están reservadas para ser ocupadas durante el día sin que el cliente haya fijado su hora de llegada.
 ◑ **Quinto.** Proceder con las habitaciones de salida, sin ocupación prevista.

NOTA

Con el fin de saber si una habitación está ocupada, a los clientes se les facilitan dos tipos de carteles:

- "No molestar". La camarera de pisos no deberá entrar en la habitación mientras se muestre este cartel, salvo en casos excepcionales y con previa autorización de la gobernanta o recepción.
- "Dar Preferencia a la habitación". Informa a la camarera que la habitación está libre, por lo que puede proceder a su limpieza, sin olvidar, que antes debe asegurarse llamando a la puerta.

Continúa en página siguiente >>

<< Viene de página anterior

Dichos carteles facilitarán la labor organizativa del departamento de pisos.

- **Proceso de limpieza.** El proceso de limpieza debe ser planificado conociendo el modo y metodología más adecuada, considerándose como reglas generales o premisas establecidas como idóneas las siguientes, aportando tanto profesionalidad como eficacia:

  - Durante el proceso de limpieza, la puerta de la habitación deberá estar abierta.
  - Se retirarán posibles desechos de papeleras y ceniceros.
  - Se comprobará el funcionamiento de las luces.
  - Se abrirán las ventanas con el fin de ventilar la habitación.
  - Se retirará la ropa sucia de la cama.
  - Hacer la cama.
  - Limpiar el cuarto de baño.
  - Limpiar el polvo y lámparas.
  - Aspirar o barrer el suelo.
  - Reponer las dotaciones *(amenities,* minibar, etc.).
  - Cerrar ventanas.
  - Ambientar la habitación.

- **Mantenimiento y reposición de existencias en *office* y almacén.** La reposición de existencias de los productos dependerá del número de habitaciones y la ocupación del hotel. La gobernanta debe controlar que las camareras de pisos den un buen uso a los productos, para evitar un gasto excesivo e innecesario. Los pedidos se llevarán a cabo por la gobernanta, trasladándolos al departamento de economato. Su ordenamiento lo llevará a cabo el valet o la camarera de pisos, bajo las indicaciones de la gobernanta.

IMPORTANTE

En la planificación del trabajo de pisos se deberán tener presentes todas aquellas acciones relacionadas con la actividad del departamento de pisos, siendo en ocasiones seña de identidad de la oferta de una cadena o establecimiento hotelero. Sirva como ejemplo, las decisiones tomadas en relación a la ambientación final de la habitación, la colocación de las toallas o las fragancias utilizadas.

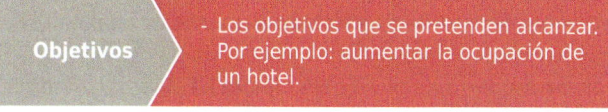

El uso de velas, flores y frutas naturales son algunos de los elementos utilizados en la ambientación final.

Dicho planteamiento ha de tener presente una serie de factores, destacando:

Objetivos → - Los objetivos que se pretenden alcanzar. Por ejemplo: aumentar la ocupación de un hotel.

Continúa en página siguiente >>

<< Viene de página anterior

Estrategias	- Las estrategias que se van a llevar a cabo para alcanzar esos objetivos. Por ejemplo: reorganizar al personal del departamento de pisos para conseguir un servicio de limpieza de habitaciones en un tiempo menor.
Políticas	- Las políticas de la empresa o departamento. Por ejemplo: implantar una política de calidad, como elemento de distinción frente a la competencia.
Presupuesto	- El presupuesto del que se puede disponer para llevar a cabo todo lo anterior. Es necesario cuantificar cuánto costaría el sistema planificado, para después comprobar desviaciones y analizar su rentabilidad.
Control	- El control de esa planificación, para estudiar si ha dado resultado el plan, dónde puede recibir mejoras, o si, por el contrario, es necesario cambiarlo por completo, ya que no se han alcanzado los objetivos propuestos.

Estos factores reflejan la gestión a llevar a cabo por el departamento. Así, la gobernanta en consonancia con las políticas del hotel, debe fijar unos objetivos para su área. Con el fin de alcanzarlos, es necesario que conozca de qué recursos dispone para organizarlos y conseguir la máxima productividad.

5.1. Métodos de mejora de la producción

Con el fin de aumentar la productividad del departamento es necesario realizar una mayor cantidad de trabajo a un menor coste.

En el departamento de pisos esta mejora se alcanza principalmente mediante las siguientes acciones:

Dotar al personal de maquinaria y tecnología adecuada que le facilite las tareas, evitando un alto esfuerzo físico y estando así en mejores condiciones.

Organizando los espacios de forma que se eviten desplazamientos innecesarios.

Para logar la implantación de estos métodos es necesario analizar minuciosamente cada tarea a realizar. Para ello, es necesario lo siguiente:

- Analizar la acción a analizar, por ejemplo, la limpieza de una habitación.
- Crear un procedimiento de trabajo que sirva de prueba, para sobre él realizar los cambios pertinentes. Para ello, se utilizan unas hojas de procesos, que son un listado de todas las acciones a seguir, y al lado se va marcando lo realizado, lo que se debe cambiar y demás anotaciones necesarias para posteriormente establecer el procedimiento definitivo. También se utilizan diagramas de procesos, que consisten en un gráfico donde se presentan, mediante símbolos, las acciones a realizar, creando una imagen gráfica del procedimiento, y permitiendo disminuir movimientos al agrupar actividades.
- Por último, hay que medir el tiempo que el personal tarda en realizar las tareas que se están analizando, por ejemplo, la limpieza de una habitación.

De esta forma, se queda plasmado el procedimiento, una vez identificados los cambios a realizar, y es posible elaborar el método de trabajo que se va a implantar en el departamento.

 ## ACTIVIDAD COMPLEMENTARIA

4. Las citadas hojas y diagramas de procesos son documentos generados por el establecimiento, pudiendo ser propios o adaptados en base a plantillas básicas, incluyendo las características propias en base a las necesidades de imposición, siendo así posible elaborar el método de trabajo a implantar.

Adquiere al menos un modelo de este tipo de documentación, y realiza un informe en base a las características del establecimiento para el que se ha desarrollado, justificando en todo momento la validez de la documentación aportada.

5.2. Elaboración de planes de trabajo del departamento de pisos

La elaboración de planes de trabajo dentro del departamento de pisos es competencia de la gobernanta o gobernante. Con la información solicitada a recepción cada día, elabora el plan de trabajo de cada jornada. Los datos informativos que va a requerir la/el gobernanta/e del departamento de recepción son los siguientes:

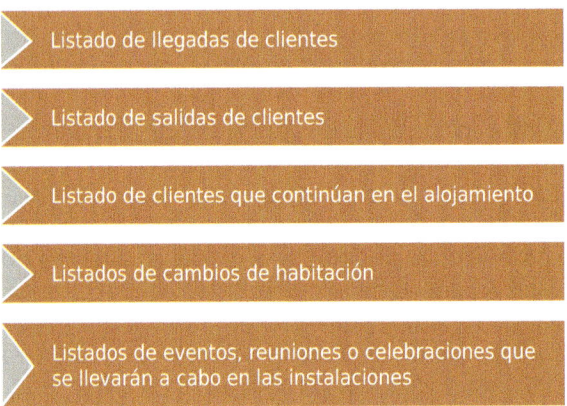

Listado de llegadas de clientes

Listado de salidas de clientes

Listado de clientes que continúan en el alojamiento

Listados de cambios de habitación

Listados de eventos, reuniones o celebraciones que se llevarán a cabo en las instalaciones

Con toda esta información, se debe realizar una planificación de la jornada de trabajo. Pero para ello hay que tener en cuenta todo lo estudiado anteriormente, es decir, qué tareas deben llevarse a cabo, quiénes van a encargarse de cada una de ellas, cuánto tiempo conlleva su realización y en qué momento de la jornada hay que atenderlas.

En función de toda la información de clientes y eventos, la gobernanta elabora un parte de trabajo diario para el personal de limpieza de pisos, con el orden de realización de las habitaciones, e indicando la situación de cada una de ellas. Además, organizará también el parte de trabajo del día para el personal de limpieza de zonas comunes, priorizando los salones en lo que hay previstos eventos.

Además de esta planificación del trabajo diario, la gobernanta o el gobernante también lleva a cabo la realización de planes a medio y largo plazo, en los que, periódicamente, se hace un seguimiento preventivo de la limpieza y mantenimiento de los elementos que componen las habitaciones y las zonas comunes, para evitar que su deterioro o mal estado acarree quejas de clientes.

Por último, también deberá planificar acciones de remodelación, obras o decoración, que pueden llevarse a cabo en momentos de baja ocupación, por ejemplo, por lo que deben planificarse a medio plazo este tipo de acciones.

5.3. Confección de horarios y turnos de trabajo

No existe un sistema estándar por el que se organicen los horarios y turnos de trabajo. Cada empresa gestionará este asunto en base a su política, y será la persona responsable del departamento de pisos la que establezca los horarios del personal a su cargo.

Para ello, debe tener en cuenta las consideraciones descritas en el apartado anterior, en base al número de horas de una jornada completa, tiempo de descanso diario y días de descanso semanales.

Además, los horarios se confeccionarán atendiendo a la previsión de ocupación del alojamiento. Puede que en determinadas temporadas sea necesaria la contratación de personal extra, por lo que habrá que organizar los turnos contando con este aspecto.

Por otro lado, lo recomendable es que cada empleado disponga de una jornada de trabajo variada. Esto es, una limpieza de una habitación de salida supone más esfuerzo y tiempo que el que se invierte en una habitación de cliente, y se debería repartir el trabajo para que cada trabajador tuviese el mismo número de habitaciones de salida y de cliente en cada jornada. De esta forma se evitará que unos empleados se encuentren más agotados que otros al finalizar la jornada. Pero se ha de decir que este es un aspecto de difícil aplicación, debido a la gran variabilidad diaria que la persona responsable del departamento de pisos puede encontrar en la situación de las habitaciones.

Teniendo en cuenta todo lo anterior, la gobernanta o el gobernante elaborarán un documento semanal donde se distribuirán los turnos y horarios para cada empleado. En él se recogen los nombres de todo el personal que trabaja en la gestión y limpieza de pisos, y se marcará qué días de la semana trabaja y qué días libra, ya sea por descanso semanal, vacaciones o asuntos propios.

TAREA 5

María, camarera de pisos del hotel Madison Palace, retira la ficha de trabajo de la jornada, en la que se incluye la limpieza de 10 habitaciones, todas ellas distribuidas en la misma ala del hotel, por lo que en primer lugar se dispone a abrir cada una de las habitaciones, para comprobar si están o no ocupadas e ir ventilándolas, pasando seguidamente a retirar del *office* el carro de servicio.

Durante su jornada, tiene que reponer en varias ocasiones la ropa de cama y toallas, pues el carro no estaba completo.

Partiendo de una mala gestión por parte de la trabajadora. Describe como se debería haber actuado. Justifica tu respuesta.

- -

6. Resumen

El área de trabajo referido al mantenimiento y limpieza de pisos hace necesario establecer una organización, diferenciando de forma principal entre dos modelos, el lineal y el funcional.

Con ello se da a conocer tanto la organización del establecimiento como las competencias de cada uno de sus integrantes. Así, el departamento de pisos, encabezado por el gobernante/a general, diferencia como forma básica el siguiente organigrama:

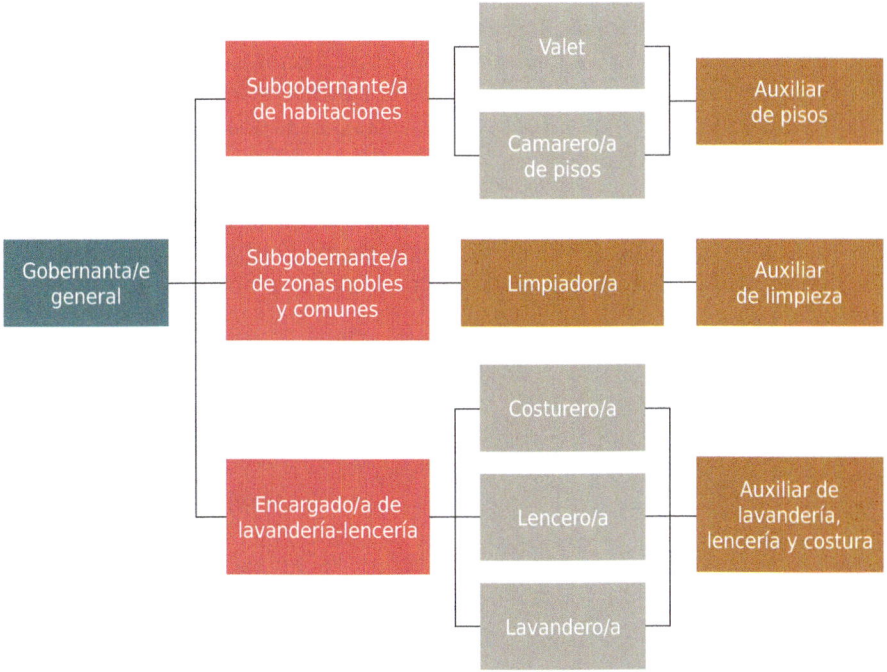

Pese a que las habitaciones de clientes son el elemento más destacado del departamento, no son las únicas, debiendo considerar otras como son:

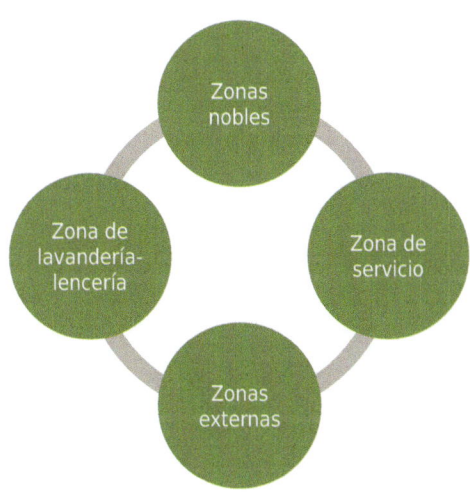

En torno a las funciones de la camarera de pisos, es importante indicar que no solo se centra en la limpieza de las habitaciones, sino que su actividad se relaciona con la atención al cliente, la gestión de los *stocks* de productos, útiles y demás herramientas necesarias para la realización diaria de sus tareas.

Finalmente, es importante indicar que una correcta organización dará lugar al éxito de la organización, minimizando gastos, sacando el máximo provecho tanto a los insumos utilizados como al tiempo empleado.

Ejercicios de autoevaluación
Unidad de Aprendizaje 2

1. **El departamento de pisos forma parte del departamento de pisos, junto con otros departamentos tales como...**

   a. ... el departamento de recepción.
   b. ... el departamento de conserjería.
   c. ... el departamento de comunicaciones.
   d. Todas las opciones son correctas.

2. **En la organización del departamento de pisos pueden utilizarse dos modelos diferentes de organización, siendo lineal y funcional. Relaciona las siguientes características en base a estos modelos organizativos.**

   a. LINEAL
   b. FUNCIONAL

   ___ La autoridad y responsabilidad están claramente definidas.
   ___ Permite la especialización en los puestos de trabajo.
   ___ Aumenta la eficiencia y productividad del departamento posibilitando la especialización.

3. **La función del valet consiste en...**

   a. ... asistir a la gobernanta, siendo su sustituto y encargado de supervisar el trabajo de las habitaciones.
   b. ... llevar a cabo tareas de apoyo consistentes en la aplicación de tratamientos específicos de suelos, ventanas, etc. así como asistir al mantenimiento de aspiradoras, pulimentadoras, etc.
   c. ... llevar a cabo la limpieza y orden de las habitaciones y zonas anexas a estas como pasillos, recibidores, etc.
   d. ... auxiliar al departamento de lavandería, encargándose del lavado, secado y planchado de la ropa.

4. Indica si las siguientes afirmaciones son verdaderas o falsas.

a. Las habitaciones de clientes suponen la máxima atención ya que es el servicio principal que el alojamiento vende a los clientes.

- ■ Verdadero
- ■ Falso

b. El departamento de pisos no incluye, ni gestiona las zonas nobles, ni las externas del establecimiento.

- ■ Verdadero
- ■ Falso

c. La recepción de un establecimiento se considera zona noble y por tanto, su limpieza cobra gran importancia.

- ■ Verdadero
- ■ Falso

d. El área de lavandería es la encargada del lavado, planchado y puesta a punto de la ropa del alojamiento.

- ■ Verdadero
- ■ Falso

5. Indica cuál de las siguientes dependencias se relacionan con las denominadas zonas nobles.

a. Recepción

- ■ Verdadero
- ■ Falso

b. Salones de celebraciones

- ■ Verdadero
- ■ Falso

c. Ascensores y escaleras

■ Verdadero
■ Falso

d. Economato

■ Verdadero
■ Falso

e. Vestuarios

■ Verdadero
■ Falso

f. Restaurante y/o bar

■ Verdadero
■ Falso

6. Indica si son verdaderas o falsas las siguientes afirmaciones.

a. Queda prohibida la instalación de elementos decorativos en los pasillos de acceso a las habitaciones de los establecimientos hoteleros.

■ Verdadero
■ Falso

b. El diseño de toda habitación de hotel debe considerar la instalación de sofás, mesas o escritorios, siendo obligatoria su presencia en todo caso.

■ Verdadero
■ Falso

c. Los denominados *amenities* serán propios de alojamientos de baja categoría, quedando excluidos en todo caso en hoteles con categorías superiores a las tres estrellas.

■ Verdadero
■ Falso

7. **Indica cuál o cuáles de las siguientes premisas se relacionan con la deontología que todo profesional del sector del área de pisos debe tener.**

    a. Capacidad de trabajo individual, nunca en equipo.
    b. Autoritario, no permitiendo recibir instrucciones.
    c. Imprudente.
    d. Observador.

8. **Indica cuál o cuáles de las siguientes funciones se relacionan con las funciones propias del departamento de pisos.**

    a. Atender al cliente cuando lo solicite.

        ■ Verdadero
        ■ Falso

    b. Cuidar el material y equipamiento de limpieza.

        ■ Verdadero
        ■ Falso

    c. Comunicar las averías para su posterior reparación.

        ■ Verdadero
        ■ Falso

    d. Gestionar los inventarios.

        ■ Verdadero
        ■ Falso

9. **En torno a la planificación del trabajo del departamento de pisos, indica cuál de las siguientes afirmaciones es correcta.**

    a. Los *offices* de planta no dispondrán de lencería, ni *amenities,* quedando únicamente almacenados en el almacén o economato central.
    b. El *office* y carro de la camarera de pisos deben estar siempre ordenados y limpios al finalizar el turno, facilitando así la labor del siguiente turno.

   c. Para evitar errores, los partes de averías solo serán registrados por dirección.

   d. Todas las opciones son incorrectas.

10. Establece el orden a imponer ante la prioridad de limpieza de las siguientes habitaciones.

- Habitaciones de salida, sin ocupación prevista.
- Habitaciones de salida que están reservadas para ser ocupadas durante el día sin que el cliente haya fijado su hora de llegada.
- Habitaciones ocupadas.
- Habitaciones solicitadas por los clientes, mientras estos están fuera de la misma.
- Habitaciones de salida cuya previsión de ocupación sea inmediata.

Aplicación de técnicas de limpieza

Contenido

Objetivos

El objetivo general de esta Unidad de Aprendizaje es:

→ Saber las técnicas de limpieza a emplear en habitaciones y áreas nobles.

Los objetivos específicos de esta unidad de aprendizaje son:

→ Aplicar de forma correcta las técnicas de limpieza de habitaciones y áreas nobles, determinando las necesidades relacionadas con el mantenimiento y uso de los insumos.

1. Introducción

La presente unidad de aprendizaje nos pone en conocimiento de la compleja tarea que conlleva el concepto 'puesta a punto' de las diversas zonas que existen en los establecimientos de alojamiento. Puesta a punto, término que sirve para designar la actividad que se desarrolla dentro del establecimiento para poder tener cada una de sus dependencias limpias y en perfecto estado.

Conseguir un resultado óptimo conlleva conocer cada uno de los detalles que engloban tanto la limpieza como la preparación de la dependencia.

La limpieza en sí debe ir enlazada con el conocimiento por parte del profesional de los productos, maquinaria y técnicas de limpieza que existen, para garantizar el resultado esperado y una organización eficaz del trabajo. Por ello, se continuará mostrando los casos que diariamente ocurren en la cadena hotelera Fabián & Company, facilitando una mayor practicidad a los contenidos expuestos.

2. Ejecución de la limpieza de habitaciones y área de pisos

☞ **HILO CONDUCTOR**

Hoy se va a plantear la revisión del trabajo llevado a cabo por algunos de los integrantes del departamento de pisos del hotel Don Fabián, perteneciente a la cadena hotelera Fabián & Company.

Así, se observa en primer lugar, que Ana y Martín, por su lado, llevan en primer lugar una revisión de la documentación asociada a las habitaciones asignadas, para conocer las necesidades en torno a la reposición y cambio de lencería, reponiendo así de forma correcta el carro.

Por otro lado, Pedro y Úrsula, reponen el carro con lo mínimo, lo que provoca la necesidad continua de reposición. Al mismo tiempo, al no saber si se trata de habitaciones de salida o de clientes, no cumplen con la política en torno al cambio de lencería, lo que provoca un mayor coste.

Para poder realizar el trabajo de la forma más eficiente y aspirar a la máxima calidad, es necesario que se siga una serie de procesos sistematizados. De esta forma se evitará dejar zonas sin limpieza, desordenadas o sin reposición de materiales.

Los procesos a seguir serán diferentes dependiendo de si el trabajo a realizar es la puesta a punto de habitaciones (dentro de estas pueden ser habitaciones de salida o habitaciones de clientes que permanecen), si la labor es la limpieza de zonas comunes o interiores; o si se están realizando las tareas de lavandería-lencería.

2.1. Procesos de limpieza de habitaciones

Las habitaciones a limpiar pueden ser de salida, es decir, las que se quedan libres porque el cliente se marcha ese mismo día, o habitaciones de cliente, que son aquellas en las que los huéspedes van a permanecer más días en el alojamiento. La forma de proceder en ellas va a variar.

Procesos en habitaciones de salida

Las tareas que se deben realizar en la limpieza de una habitación de salida son las siguientes:

- Colocar el carro de trabajo en el pasillo, junto a la pared, enfrente de la puerta de la habitación que se vaya a limpiar.
- Llamar antes de entrar y asegurarse de que no está el cliente.
- La puerta de la habitación debe permanecer abierta durante el tiempo que dure el trabajo.
- Una vez dentro, se comprueba que funciona el sistema de iluminación.
- Después se retira el contenido de los ceniceros y las papeleras, para a continuación abrir las ventanas y proceder a la ventilación.
- Hay que asegurarse de que no quedan bandejas del servicio de habitaciones, y, si fuese así, sacarlas para devolverlas a su departamento.
- A continuación, se quita la ropa sucia de las camas y del baño, y se deposita en el carro de trabajo.
- Ahora es el momento de meter en la habitación la ropa limpia, y todos los útiles y productos que se vayan a usar.
- En el momento en el que se empiece a limpiar la habitación, hay que comprobar que no existen objetos olvidados por el cliente. Si así fuese, se debe dar parte a la persona responsable del departamento de pisos (gobernante/a).
- Lo siguiente será hacer la cama.

- Se continuará con la limpieza del mobiliario: mesas, sillas, armarios, tocadores, cajones por dentro y todo lo que pueda haber en la habitación. Hay que prestar especial atención a lámparas, televisiones, cuadros, rejillas de sistemas de refrigeración y todos aquellos elementos que puedan estar en paredes y techos, ya que no se debe pasar nada por alto.
- Desinfectar los mandos de aire acondicionado, de televisión y auriculares de teléfonos, puesto que estas zonas son focos de bacterias.
- Si existen alfombras, hay que aspirarlas.
- Limpiar el minibar y reponer lo que falte.
- Posteriormente, se pasará a la limpieza del baño.
- Cuando esté todo limpio, hay que reponer las dotaciones o *amenities,* tanto los de aseo que se colocan en el baño como los informativos (folletos, hojas con precios, etc.) que se dejarán en la habitación sobre alguna mesa.
- Ultimar la limpieza con el suelo del baño y habitación.
- Es muy importante ambientar la habitación antes de irse y comprobar que todo ha quedado en orden, con las ventanas y cortinas cerradas, y que se han recogido todas las herramientas.
- Una vez finalizada, se cierra la puerta y se rellena el parte de trabajo.

NOTA

Aunque no existe un tiempo cerrado a la hora de afrontar la limpieza y puesta a punto de una habitación, se estima que para una habitación de salida requiere de 25 a 28 minutos.

Procesos en habitaciones de cliente

Para este tipo de habitaciones, el proceso a seguir es parecido al anterior, aunque hay que tener en cuenta los siguientes aspectos:

- Atender si el cliente ha dejado el cartel de "No molesten" o el de "Arreglen la habitación".
- Si el cliente ha dejado su ropa tirada en el suelo, se debe recoger para proceder a la limpieza de la habitación.
- Existen alojamientos que ofrecen servicio de lavandería para la ropa propia del cliente. En este caso, el huésped debe dejar las prendas dentro de una bolsa que hay para ello en el armario, con una hoja donde marcar el servicio que desea. Así, hay que comprobar en las habitaciones del

cliente si este quiere utilizar el servicio, fijándose en el armario y en la bolsa para tal fin. Se recoge la ropa sucia del cliente y se deposita en la bolsa del carro. Si el hotel no dispone del servicio de lavandería para clientes, no se procederá a abrir el armario.

- En el caso de las habitaciones de cliente, no habrá que comprobar si hay objetos olvidados.
- El proceso de puesta a punto de la habitación, en este caso, va a depender de las posesiones del cliente, ya que no se debe cambiar como este tenga organizadas sus cosas, procediendo a su limpieza, sin alterar su orden.

NOTA

El tiempo estimado para llevar a cabo la limpieza y puesta a punto de una habitación de cliente está comprendido entre 18 y 20 minutos.

Procesos de limpieza de baños

Independientemente de que la habitación sea de salida o de cliente, el baño se limpiará siguiendo el mismo proceso en ambos casos, que se describe de la siguiente forma:

- Verificar el funcionamiento de las luces y grifería.
- A continuación, se vacían las papeleras.
- Después, se le aplica el producto desinfectante a cada pieza del baño (inodoro, bañera o ducha, lavabo, bidé).
- Hay que retirar los vasos.
- Se procede a barrer el suelo (o aspirar en su caso).
- Se continúa fregando la bañera, mampara y azulejos de esta parte.
- Después se fregarán el bidé y el inodoro, sin olvidarse de las baldosas.
- La última pieza en limpiarse será el lavabo.
- Una vez realizado lo anterior, se repone el papel higiénico.
- Hay que colocar los *amenities* de aseo, como gel, champú, cepillo de dientes y todos aquellos artículos que el alojamiento disponga para este fin.
- Se colocarán las toallas, dobladas perfectamente y con el logo del alojamiento bien visible.
- Por último, se ambientará el baño y fregará el suelo.

IMPORTANTE

Durante todo el proceso se deberá perseguir la **mejora de calidad, ajustando tiempos, gasto de insumos y eficacia en la limpieza,** pudiendo cumplir con las exigencias propias requeridas y los plazos establecidos, que dependerán tanto de la categoría del establecimiento como de las exigencias por parte de la dirección.

- -

2.2. Procesos de limpieza de zonas nobles

A pesar de que la limpieza de zonas nobles va a depender de las características del alojamiento y el volumen de trabajo de la jornada, o las variaciones diarias que pueda haber, por ejemplo, un evento concreto en el salón de un hotel, se puede definir un proceso genérico para la limpieza de estas zonas. A continuación, se exponen unas pautas básicas:

- Primero se retirará la basura de las papeleras y se limpiarán.
- Después se limpiarán los elementos que puedan encontrarse en paredes como cuadros, lámparas, relojes, espejos, etc.
- Se limpiará también el mobiliario del que se disponga como mesas auxiliares, barras, estanterías, mostradores, etc.
- No hay que olvidar proceder a la limpieza de puertas y ventanas.
- Al tiempo que se va limpiando todo el mobiliario, hay que fijarse en la existencia de objetos olvidados, por si los hubiese, y dar parte de ellos.
- A continuación, se aspirarán las moquetas, se fregará el suelo o pasará la mopa, dependiendo del material de la superficie. Si se va a proceder a su fregado, se debe señalizar.
- Antes de salir de la zona, hay que verificar que todo queda en orden, y no dejar ningún utensilio olvidado.

NOTA

Cuando la zona noble a limpiar contiene un ascensor, hay que limpiar este tanto en la parte exterior como en su interior (espejos, paredes, botones, suelo, etc.), sin olvidar los carriles de las puertas, lugares donde se acumula mucha suciedad, creando, por el contrario, un aspecto de dejadez.

- -

Es importante indicar que durante todo el proceso de limpieza y con el fin de evitar posibles accidentes, se deberá hacer uso de las balizas de señalización, siendo característica la referida a "piso mojado".

2.3. Productos específicos de limpieza de habitaciones y zonas comunes en alojamientos

Una vez que se han presentado los procesos llevados a cabo en torno a la limpieza y mantenimiento de las habitaciones y zonas nobles es necesario analizar los distintos productos de limpieza con los que todo profesional trabaja.

Es imprescindible conocer los productos que un profesional va a utilizar, ya que, de no llevar a cabo una buena elección, se pueden generar daños en el material al que se le aplica, pudiendo no tener solución.

Por ello, antes de concretar productos específicos, se van a estudiar unas nociones sobre la composición de los mismos. El factor más importante es el químico. Para llevar a cabo una limpieza, se necesita que el producto destruya y disuelva la suciedad, para así arrastrarla y eliminarla.

Pero estos productos no actúan solos, es necesario acompañar la labor de limpieza con un elemento indispensable: el agua. Gracias a que el agua consigue mezclarse con los productos, estos pueden llegar a todas las zonas de la superficie y actuar sobre la suciedad.

A pesar de la labor fundamental del agua, hay que recordar que esta también arrastra impurezas en mayor o menor grado. El agua contiene una serie de minerales y otros elementos, pero no todos los tipos de aguas poseen la misma proporción. Por este motivo, se dice que existen dos tipos de agua, dependiendo de la cantidad de calcio y de magnesio que contenga, y son las siguientes:

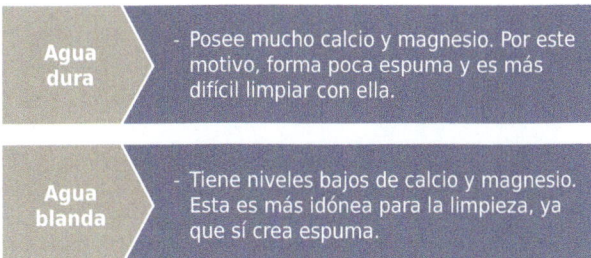

Agua dura
- Posee mucho calcio y magnesio. Por este motivo, forma poca espuma y es más difícil limpiar con ella.

Agua blanda
- Tiene niveles bajos de calcio y magnesio. Esta es más idónea para la limpieza, ya que sí crea espuma.

Ahora bien, el agua por sí sola no consigue un resultado óptimo de limpieza, debido a que posee una tensión superficial, es decir, ejerce una fuerza para no ser "traspasada". Esto afecta directamente a la labor de la limpieza, ya que puede ser que la suciedad no sea atravesada ni descompuesta por el agua. Por ello, es por lo que es necesario acompañarla de productos de limpieza que actúen juntos.

 **ACTIVIDAD**

2. Como se ha indicado, la dureza del agua es un factor determinante, ya que condicionará tanto la cantidad como el tipo de producto usado en la limpieza.

   Lleva a cabo una búsqueda del tipo de agua que existe en tu zona de trabajo, estableciendo sus características, así como determinaciones a tener presentes en cuanto a su uso, referido a la limpieza y mantenimiento de las instalaciones.

Composición química de los productos de limpieza y sus propiedades

Los productos químicos de limpieza están compuestos de unos elementos llamados tensioactivos, cuya función es romper esa tensión superficial del agua que se ha comentado anteriormente. De esta forma, el producto puede mezclarse con el agua y aumentar su poder. Los tensioactivos forman la parte de acción activa del producto. Los hay de varios tipos, se pueden distinguir:

Tensioactivos aniónicos
- Cuando se diluyen con agua, generan iones con una carga negativa. Estos tensioactivos forman mucha espuma.

Tensioactivos catiónicos
- Cuando se diluyen, forman iones positivos. Poseen un gran poder para desinfectar y suavizar. Al tener carga diferente a la de los aniónicos (que la tienen positiva), son incompatibles entre sí porque, si se juntan, sus cargas se anulan y pierden su capacidad.

Tensioactivos anfotéricos
- Dependiendo del pH que posea el medio en el que van a actuar. Así, en un medio ácido se comportan como catiónicos, y en un medio alcalino, como aniónicos.

Tensioactivos no ionicos
- No presentan ningún tipo de carga en disolución acuosa. Su uso principal es el de reducir la cantidad de espuma que producen los aniónicos.

Además de los tensioactivos, otros componentes de los productos químicos de limpieza se encargan de reforzar la labor limpiadora, protegiendo al detergente de la dureza del agua. Estos son los llamados coadyuvantes. Entre ellos se pueden destacar los siguientes:

Carbonatos sódicos
- Eliminan la dureza del agua y modelan los cambios de pH.

Silicatos alcalinos
- Producen un efecto anticorrosivo.

Fosfatos
- Reducen la dureza del agua y hacen que la grasa emulsione.

Perboratos
- Su función principal es la de blanquear.

A parte de estos componentes, los productos de limpieza contienen aditivos, que hacen mejorar sus cualidades. Así, estos aditivos modifican el producto, por ejemplo, añadiéndole perfume o color.

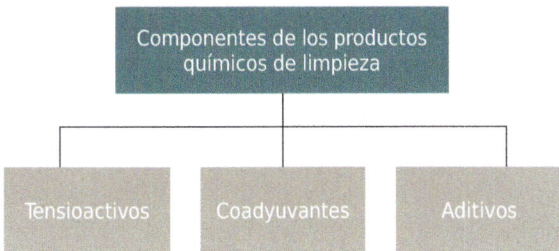

Por último, hay que mencionar el pH de los productos. El pH (potencial de Hidrógeno) hace referencia a la cantidad de hidrógeno que contiene una solución, por ejemplo, los productos de limpieza o las manchas a las que habrá que enfrentarse. Su medida se lleva a cabo a través de una escala, que tiene valores del 0 al 14, siendo el 7 el punto intermedio conocido como pH neutro. Por encima del 7, es decir, desde el 0 hasta el 6, se considera que el pH es ácido. De igual forma, desde el 8 al 14, se dice que el pH es alcalino.

Escala de medida del pH

1	2	3	4	5	6
ÁCIDOS					

7
NEUTRO

8	9	10	11	12	13	14
ALCALINOS						

Así, y siguiendo la escala de pH, los productos de limpieza pueden ser:

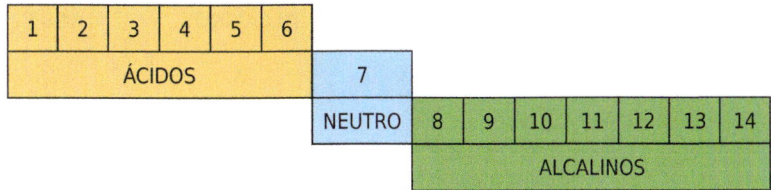

Productos ácidos
- Su cualidad más importante es la de desincrustar. Un producto ácido es el aguafuerte.

Continúa en página siguiente >>

<< Viene de página anterior

Productos alcalinos
- Su característica principal es que son buenos desengrasantes. Un producto alcalino es la lejía.

Productos neutros
- Son los menos agresivos, y eliminan la mayor parte de la suciedad. Existen limpiadores pH neutros, con los que se podrá limpiar todo tipo de superficies.

Los materiales que forman los suelos y paredes resisten de manera diferente los productos según su pH. Algunos materiales soportarán mejor los ácidos que otros, y al contrario. Incluso puede que existan productos contraindicados para ciertos materiales, por lo que se debe conocer cómo de sensibles son a los cambios de pH, para no dañar ninguna superficie.

A continuación, se muestra una tabla con los diferentes materiales estudiados y el grado en el que soportan la aplicación de productos ácidos, productos alcalinos y el agua:

MATERIAL	ÁCIDOS	ALCALINOS	AGUA
Mármol	X X X	X	0
Granito	0	0	0
Terrazo	X X X	X	0
Pizarra	X X X	X	0
Gres	0	0	0
Azulejos	0	0	0
Madera/parqué	X	0	X X X
Linóleo	X	X X	0
Vinilo	X X	X	0
Corcho	X	0	X X X

Continúa en página siguiente >>

<< Viene de página anterior

MATERIAL	ÁCIDOS	ALCALINOS	AGUA
Moqueta	X X	X X X	X
SIGNOS	0: los materiales son resistentes a esos productos. X: poco resistentes, aunque se le pueden aplicar. X X: son sensibles, por lo que hay que evitarlos. X X X: son muy sensibles, así que la aplicación de esos productos puede causar grandes daños.		

Niveles de resistencia de los materiales a los productos químicos según su pH.

Todos los componentes mencionados hacen que los productos químicos tengan unas propiedades determinadas. Una de las principales es denominada poder humectante, y hace referencia a esa capacidad que antes se comentó, de traspasar la tensión superficial que el agua ejerce. Por otro lado, se encuentra la propiedad de dispersión, que trata de romper la suciedad de las manchas y dispersarla. Por último, mencionar la propiedad de suspensión, que consiste en mantener flotando las partículas de las manchas previamente dispersas, para que no se acumulen y sea fácil su limpieza.

Análisis y evaluación de productos de limpieza

A continuación, se enumeran los distintos productos de limpieza con los que se trabaja para una limpieza correcta de habitaciones. Se incluye su descripción y modo correcto de utilizarlos, destacando:

- **Amoniaco.** Producto muy eficiente en superficies con grasa acumulada. Las superficies que lo admiten son las siguientes:

  - Superficies de mármol, granito pulimentado, pizarra, gres y baldosas.
  - Encimeras y objetos de acero inoxidable o porcelana.
  - Cristales y vidrio.

Por el contrario, su uso queda restringido en:

  - Terrazo, parqué, madera o cualquier superficie que tenga un revestimiento como por ejemplo superficies plastificadas o barnizadas.
  - Textiles.

- **Lejía.** Su labor principal es la de desinfectar, así como blanquear. No obstante es muy corrosiva, por lo que aunque sea utilizada de forma común en encimeras y superficies de granito o gres cerámico o piezas del baño, se debe evitar su uso en:

- Superficies o revestimientos de mármol, corcho, madera o parqué.
- Plásticos como el vinilo o linóleo.
- Moquetas o alfombras.
- Textiles como el nailon, la seda o la lana.

En torno a su uso en textiles de algodón blanco y el acero inoxidable, su uso debe ser cauto, no exponiéndose a grandes cantidades o durante mucho tiempo, pues puede causar daños.

- **Desinfectante.** Usado para combatir la presencia de virus, bacterias u otro tipo de microorganismos que pueden suponer un peligro para la salud. Pueden ser químicos o naturales y de su clasificación y composición dependerá su efectividad, su agresividad o sus riesgos. Su uso es clave en zonas de cocinas, baños y utensilios de habitaciones como auriculares de teléfonos, teclados de ordenadores, mandos a distancia e interruptores.
- **Desincrustante.** Se trata de limpiadores químicos, capaces de disolver las incrustaciones de cal, de eliminar el óxido mineral, y también de suprimir los restos de cemento gracias a su poder de disolución de sales calcáreas. Así, su uso se determina para zonas donde haya elementos metálicos, el baño y la cocina, aplicado a grifería, desagües, embellecedores, mamparas, etc., radiadores o rejillas de aire acondicionado o en zonas con restos de cemento, por alguna reparación u obra. En todo momento, se deberá evitar su uso en elementos compuestos por zinc, acero inoxidable o aluminio o en objetos que presenten temperaturas muy elevadas.
- **Limpiacristales.** Utilizado para eliminar la suciedad adherida a superficies de cristal, vidrio o espejos, pudiendo añadir esencias, colorantes, alcoholes, etc. Su uso debe evitar el contacto con los alimentos o dispositivos conectados a la corriente o con partes eléctricas encendidas.
- **Limpiametales.** Productos químicos compuestos por amoniacos, anhídridos y derivados del petróleo, eliminan la suciedad y mantienen las superficies brillantes y protegidas. Su uso se destina a cualquier elemento metálico o cromado, no debiendo ser usado en objetos de madera, textiles, alfombras, suelos y pavimentos, materiales de porcelana y encimeras de mármol o granito.
- **Ceras para madera.** Productos utilizados de forma específica para la limpieza de madera (mobiliario, puertas, suelos de parqué, marcos de ventanas, etc.), aportando además nutrición, protección y abrillantado de este material. Los más extendidos cuentan entre sus componentes con tensioactivos no iónicos. No se deberán usar en tapicerías y elementos textiles, mármoles y granitos.

- **Limpiadores pH neutro.** Limpiadores compuestos por soluciones acuosas con componentes químicos cuyo pH es igual o cercano a 7. Este tipo de limpiadores cuentan con un uso muy extendido dada su versatilidad, siendo efectivos en gran parte de las operaciones de limpieza, siempre que no haya suciedad muy incrustada. Así, su uso incluye superficies delicadas como suelos de mármol o pizarra, mobiliario y revestimientos de cualquier material, no incluyendo la madera.
- **Desengrasante.** Limpiadores químicos destinados a la eliminación de aceites y grasas. Pueden ser alcalinos, neutros o ácidos, actuando mediante la disolución, con base disolvente y emulsión con desengrasantes formulados con base de agua. Su uso es adecuado en superficies de acero, porcelana, etc. muy presente en encimeras y baños.
- **Otros productos.** Además de los productos descritos, la limpieza de alojamientos se ve complementada con otros productos como son:

  - **Ambientadores.** Utilizados para perfumar el ambiente de las estancias, permitiendo enmascarar o desodorizar olores desagradables o para crear un ambiente relajado y acogedor. Pueden ser de origen natural o químico. Su formato puede requerir de una fuente de calor para su uso, sirviendo como ejemplo los aceites de quemar, inciensos, velas perfumadas, etc.
  - **Captapolvo.** Presentado en aerosol, es usado para la limpieza de pavimentos o muebles. Tiene poder antiestático, eliminando el polvo y evitando su propagación a otras superficies después de su eliminación. También elimina la carga electroestática de la superficie tratada, para que esta repela el polvo después de su aplicación y limpieza.
  - **Limpia moquetas.** Se trata de detergente concentrado de base acuosa, cuya característica es la creación de espuma que facilita la eliminación de suciedad.

 **NOTA**

Es importante conocer los componentes de todo producto utilizado en la limpieza y desinfección, evitando riesgos en base a la reacción de sus componentes, pudiéndose liberar gases tóxicos o incendiarse, con los daños que todo ello acarrea.

ACTIVIDAD

3. Es fundamental saber interpretar el etiquetado de todo producto utilizado en los procesos de limpieza, permitiendo la elección adecuada en base al tipo de suciedad y superficie.

   Analiza el etiquetado de al menos tres productos de limpieza de uso habitual, identificando los símbolos e indicaciones que muestran en su etiquetado.

   Para ello, lleva a cabo una búsqueda de la normativa vigente en torno al uso de los pictogramas utilizados para la identificación de los riesgos en los productos químicos.

---

3. Ejecución de la limpieza y mantenimiento de superficies, mobiliario, elementos complementarios y accesorios

HILO CONDUCTOR

La reforma llevada a cabo en uno de los hoteles de la cadena hotelera Fabián & Company provoca la incorporación de nuevos procedimientos y técnicas de limpieza, ya que en la construcción de las nuevas zonas nobles se tienen como materiales protagonistas el mármol y la madera.

Conocidos los procedimientos a imponer en el proceso de limpieza de las habitaciones y las distintas áreas propias del departamento de pisos, ahora es importante desarrollar los procedimientos indicados en base a una correcta limpieza y mantenimiento, diferenciando entre la limpieza de superficies y mobiliario, elementos complementarios como lámparas y cortinas y accesorios, siendo estos los elementos utilizados para llevar a cabo el proceso, pudiendo ser o no mecánicos (aspiradores, vaporeras, etc.).

La limpieza deberá contribuir al mantenimiento de las instalaciones, por ello, la importancia de elegir tanto el procedimiento adecuado como los productos y materiales idóneos.

3.1. Limpieza y mantenimiento de superficies

Pese a que la limpieza relacionada con los establecimientos turísticos está tipificada, existiendo una metodología común que persigue la eficacia del proceso y su homogenización evitando en la medida de lo posible diferencias entre tiempos de ejecución y resultados finales, el tipo de establecimiento, su diseño y materiales utilizados tanto en su construcción como en su decoración, influirán de forma significativa.

Limpieza de suelos

Para llevar a cabo la limpieza de suelos, se llevará a cabo mediante técnicas específicas, diferenciando entre tres técnicas:

- **Técnica del doble cubo.** Se utilizan dos cubos, uno de ellos contendrá una disolución de agua con detergente y desinfectante y el otro contendrá solamente agua. El procedimiento consiste en sumergir la fregona o el paño en el cubo que contiene detergente y desinfectante y bien escurrido proceder a la limpieza de la superficie; seguidamente hay que aclarar la fregona o paño en el cubo que contiene agua, para así eliminar la suciedad recogida. Una vez bien aclarado, se procede a escurrirlos en este mismo cubo, antes de sumergirlos en el que contiene detergente y desinfectante para repetir el proceso.
- **Técnica del zigzag.** Consiste en realizar movimiento de zigzag o de arriba abajo, avanzando de la zona limpia a la sucia, evitando pasar por la misma zona dos veces para evitar recontaminación.
- **Técnica del barrido húmedo.** Se trata de un método de limpieza intermedio entre el barrido y el fregado, utilizado para eliminar el polvo y la

suciedad poco persistente. Se realiza con una mopa impregnada con un limpiador o detergente.

Además de las técnicas establecidas para llevar a cabo el proceso es importante diferenciar el material del que se compone, pues de no utilizar el producto adecuado puedes dañarlo e incluso estropear su brillo, quedándose con un color mate por utilizar un producto corrosivo. El material o composición más frecuente en ellos, así como las exigencias requeridas en torno a su limpieza son las siguientes.

_____

Suelos de plástico

Se recomienda una limpieza con barrido húmedo, ya que como regla general presenta una superficie no porosa. Nunca se deberán emplear disolventes, ni productos que tengan el pH muy alto o muy bajo. Es aconsejable pasarles la mopa de forma periódica.

NOTA

Como norma general, antes de fregar hay que barrer para retirar el polvo y evitar que este se quede depositado en las juntas del suelo. De esta forma conseguiremos una limpieza de mayor profundidad.

- -

_____

Suelos de mármol

El mármol, al igual que el terrazo, puede presentarse en su estado original o tratado, diferenciándose el uso de los productos utilizados según el estado en el que esté.

En el caso de que el mármol no esté tratado, su limpieza se realizará con agua y detergente neutro o jabón verde, pudiéndose añadir al agua un mínimo de amoníaco.

En el caso de que el mármol esté pulido o abrillantado (tratado), únicamente se limpiará con agua y detergente neutro y no deberán de utilizarse productos ácidos o alcalinos, pues de lo contrario se dañaría el brillo y pulimentado, quedando un color mate.

En el caso de tener que utilizar estropajos para quitar la suciedad adherida a su superficie, los hechos de esparto son los más apropiados pues son menos corrosivos y no arañarán la superficie.

Suelos de terrazo

Es el material más resistente a los productos de limpieza y al paso del tiempo. Su aspecto natural es poroso, cuando no está tratado, ni pulido.

En cambio pierde porosidad ganando brillo una vez tratado, tras ser pulimentado.

A la hora de proceder a limpiarlo se debe distinguir si está tratado o no. En el caso de que el terrazo no esté tratado, se convierte en el material más duradero que podamos encontrar y más fácil de mantener. En este caso cabe la posibilidad de limpiarlo con detergente neutro mezclado con agua o bien utilizar detergente neutro con una pequeña cantidad de lejía o amoniaco para su desinfección, pero se debe tener en cuenta que nunca hay que mezclar el amoníaco con la lejía, pues se corre el gran riesgo de intoxicación.

En el caso de que el terrazo esté tratado, es decir, pulimentado o abrillantado, el cuidado de este varía, ya que debemos utilizar productos que no se coman la capa de brillo y dejen el terrazo mate e incluso oscurecido. Para su limpieza se aconseja, después de haberlo barrido para retirar la suciedad y el polvo, que se friegue con una solución de agua y un producto que a la vez que limpie encere, consiguiendo mantener el brillo del suelo.

También se puede limpiar con un barrido húmedo pasando un producto atrapapolvo, abrillantador en aerosol.

Suelos de madera

Por regla general, los suelos de madera vienen ya con un tratado previo, lacas y barnices, que facilitan su limpieza, pues de lo contrario esta sería complicada debido a su gran porosidad y se dañarían con facilidad por la absorción de los líquidos.

Se deben fregar con agua y detergente neutro, evitando el uso de agua caliente ya que reblandece la madera.

Para el mantenimiento de la capa protectora y del brillo, de forma periódica se deben aplicar productos encerados e incluso reparadores para quitar las marcas o arañazos que suelen aparecer con facilidad en este tipo de suelos.

Este tipo de suelos son muy apreciados ya que son más cálidos y más aislantes del frío que el resto de otros materiales.

_____

Suelos de cemento

Este tipo de suelo es poco habitual encontrarlo en establecimientos dedicados al alojamiento, pero lo podemos ver en algunos de sus exteriores, en jardines, patios, etc.

Se limpian con detergentes alcalinos suaves o neutros con un poco de amoníaco o sosa cáustica.

_____

Suelos vitrificados o de gres

Estos suelos se realizan con una cocción del material a temperaturas muy elevadas, llegando su superficie a cristalizarse, de ahí la denominación de vitrificados.

Para su limpieza se utilizará agua con detergente neutro o un poco de amoníaco para darle brillo.

_____

Suelos de piedra

Este tipo de suelos suelen ser habituales en jardines, patios, terrazas, etc.

A la hora de su limpieza y mantenimiento debemos tener en cuenta que es un material muy poroso y difícil de barrer por su adherencia, por lo que es aconsejable barrerlo con un cepillo de cerdas gruesas.

Se limpiará con agua y detergente neutro, y para evitar la posibilidad de que salgan hongos (moho) entre las ramificaciones o grietas se verterán productos especiales para ello.

Hay que tener especialmente cuidado con las manchas de aceites o ceras, pues la piedra es un material que absorbe los líquidos encerados con facilidad, quedándose manchada.

_____

Suelos de goma

En este tipo de suelos la limpieza se realizará a base de agua y detergente neutro o un producto de pH alcalino, pero nunca se utilizarán disolventes.

Para quitar manchas es aconsejable utilizar glicerina. Este tipo de suelos son muy habituales en gimnasios y cabinas de masajes.

NOTA

Es importante evitar que caiga o se viertan ácidos en suelos abrillantados, pulidos o cristalizados, pues perderán el brillo y su aspecto natural, adoptando un tono blanquecino.

- -

Limpieza de cristales

No cabe duda que a la hora de limpiar cristales lo más recomendable es utilizar productos que puedes encontrar en el mercado destinados para ello. Pero en caso de carecer de ellos, lo más aconsejable es usar agua con alcohol o amoníaco.

No debes olvidar que si el líquido a utilizar es importante, no lo es menos la bayeta o el paño para secar. El tejido más aconsejable para este cometido es el hilo, ya que no deja restos, al igual que puedes sacar brillo con papel.

Otra forma habitual de limpiar los cristales, sobre todo en establecimientos que tienen personal destinado para ello (limpia cristales), es mediante un mojador de cristales empapado de detergente neutro, retirando el agua y la espuma con la ayuda del perfil de goma del limpiacristales.

La imposición de una técnica adecuada de limpieza se debe acompañar del uso de insumos adecuados.

Limpieza de paredes

El mantenimiento de paredes y su limpieza requiere menos cuidado que el resto de materiales o superficies.

Se debe tener especial cuidado con las esquinas, pues pueden depositarse pequeños insectos como las arañas, por lo que semanalmente deben pasarse paños secos.

Respecto a la limpieza de la pared en sí, hay diferencias según el tipo de pintura que esta tenga, ya que solamente la pintura plástica, también denominada lavable, permitirá limpiarla con agua y detergente neutro, e incluso, en ocasiones si se trata de pintura plástica blanca se puede limpiar con un poco de hipoclorito de sodio (lejía) para recuperar la blancura.

En cambio si se trata de pintura no plástica, solamente se podrá retirar el polvo con paños secos, pues de lo contrario se arrastraría la pintura.

En el caso de paredes tapizadas con tela, se retirará el polvo con una bayeta seca o un cepillo de cerdas blandas que desprenda el polvo pero no deteriore el tejido.

Los materiales y técnicas utilizadas en la limpieza de las paredes se corresponderá con el tipo de material utilizado en su acabado.

Limpieza de material eléctrico

Cuidado especial se debe tomar a la hora de limpiar aparatos eléctricos como lo son los cuadros de luz, interruptores, enchufes, etc., pues se corre el alto riesgo de que se produzca una descarga eléctrica, que se verá potenciada en el caso de que haya humedad.

Es importante evitar el uso de agua, y de ser utilizada, se debe cortar la corriente durante la limpieza. Pero como sabes, en los establecimientos hoteleros y todos aquellos dedicados al alojamiento, no se puede cortar la corriente durante la limpieza, así que es importante proceder a esta, utilizando aislantes y siempre con calzado y guantes.

Esta limpieza será siempre exterior, y deberá realizarse evitando la excesiva humedad de la zona, por lo que se recomienda utilizar bayetas impregnadas en un poco de disolvente como el alcohol, ya que se volatiliza en segundos, secándose la superficie con rapidez.

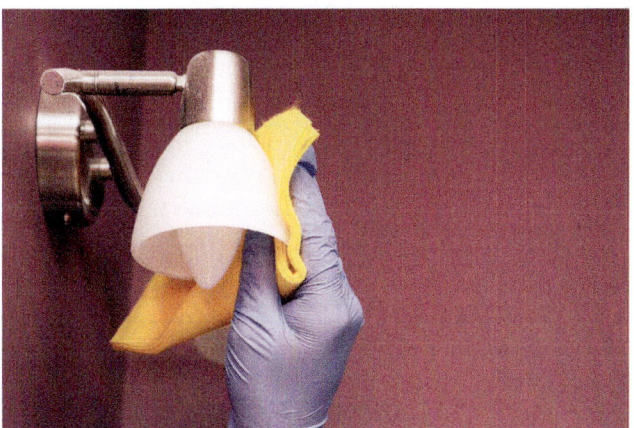

El uso de agua debe ser evitado en la limpieza de material eléctrico.

Limpieza de superficies en aseos

Sumamente importante a la hora de limpiar los aseos es la desinfección de estos, pues es primordial la salubridad.

Lo más habitual es utilizar limpiadores sanitarios que se pueden encontrar en el mercado, que ya vienen preparados con una composición que toma en cuenta la limpieza y la desinfección.

Si careces de estos limpiadores sanitarios, primero deberá utilizarse un ácido desinfectante para todos los sanitarios y posteriormente se limpiará con un paño o bayeta con agua y detergente.

Como regla general, las paredes de los aseos están recubiertas por azulejos, y a la hora de limpiarlos con agua con desinfectante y amoniaco se deberán de secar para evitar que queden empañados o con marcas. Para ello, se deben utilizar bayetas de hilo, procediendo a secarlas desde arriba hacia abajo.

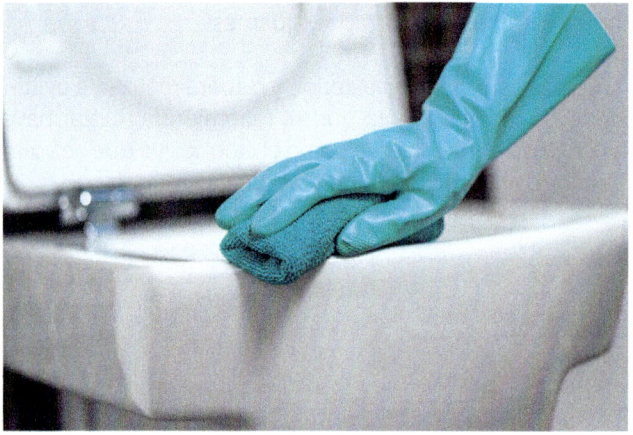

La desinfección de las superficies de baños será una de las premisas a imponer en el proceso de limpieza.

3.2. Limpieza y mantenimiento de mobiliario y elementos complementarios

La conservación de los muebles es **fundamental para la buena imagen** que se pueda tener de cualquier lugar. No es posible imaginar un hotel de prestigio con muebles sucios o deteriorados por falta de limpieza.

De hecho, la limpieza del mobiliario es la primera percepción (que a menudo es la más importante) que se tiene de un sitio. Por lo tanto, la **limpieza es parte integral del buen desarrollo del establecimiento.**

El mobiliario es, desde el punto de vista de la limpieza, un elemento de gran relevancia y, por ello, conocer los productos adecuados para cada caso y sus aplicaciones, así como las técnicas de limpieza para cada mueble es básico para que se conserven en perfecto estado, aumentando su vida útil y, con ello, la satisfacción de las personas que los utilizan.

Para poder llevar a cabo la limpieza y cuidado de todos los materiales, tanto mobiliario como elementos de decoración, del establecimiento, es importante conocer los productos adecuados para cada caso, así como sus aplicaciones y las técnicas a seguir.

EJEMPLO

Los elementos decorativos como lámparas cuadros, barras de cortina, etc. requieren de una limpieza exhaustiva al igual que el resto de elementos, pues aunque no sean elementos de uso directo o incluso no sean accesibles directamente para el cliente, son fuente importante de acumulación de ácaros.

Al mismo tiempo, su mantenimiento adecuado es seña de identidad inequívoca de organización y dedicación.

Productos utilizados y aplicaciones

En los establecimientos dedicados al alojamiento se utilizan gran variedad de productos de limpieza, tanto para las estancias como los especialmente destinados a la limpieza del mobiliario que lo compone, así como de los elementos decorativos que en ellos se encuentran. De forma generalizada se diferencian entre:

➲ **Reparador de muebles.** Son productos utilizados especialmente para la reparación de muebles de madera, que debido a su desgaste por el uso hayan sufrido algún tipo de arañazo, fisura o desperfecto. Están compuestos de aceites naturales y ceras.

- **Detergente neutro.** Producto utilizado para la limpieza de suelos y superficies en general que presenten brillo, así como para la limpieza de materiales porosos. Al no presentar en su composición sustancias químicas como hidróxidos, silicatos o fosfato, también pueden incorporarse en los procesos de higiene personal.

- **Fregasuelos.** Utilizado para limpiar suelos. Puede ser sustituido por el detergente neutro al compartir muchos de sus componentes.

- **Limpiacristales.** Dirigidos a la limpieza de cristales. Suelen tener entre sus componentes alcohol para facilitar la limpieza de los cristales y a su vez evitar que se empañen.

- **Limpiamuebles.** Para la limpieza de todo tipo de muebles, existiendo productos de este tipo destinados exclusivamente a muebles de madera. Normalmente están compuestos por ceras, siliconas, aceite mineral refinado y disolventes como la querosina.

- **Limpiametales.** Para la limpieza de todo tipo de metales, lámparas, bandejas, etc. Suelen estar compuestos por productos abrasivos, agentes antioxidantes y disolventes.

Técnicas de limpieza

Igual que existen productos de limpieza destinados a determinados materiales, también existen diferentes técnicas de limpieza según la zona o material a limpiar.

Limpieza de muebles

Para la limpieza de muebles se diferencia principalmente en base a tres materiales, como son la formica, el plástico y la madera.

Madera
- Los muebles de madera deberán limpiarse con productos especiales para este tipo de material y, de carecer de ellos, la limpieza diaria de retirada de polvo se puede realizar con una bayeta bien seca o húmeda. En este último caso, es aconsejable utilizar una seca para evitar dejar con humedad la madera.
- Periódicamente, para el buen mantenimiento de la madera, es recomendable aplicarle cera para darle un aspecto más brillante y evitar que se seque, así como en el caso de arañazos o pequeños golpes aplicar aceite reparador para disimular los desperfectos, entre otras pautas.
- Un problema añadido e importante en este tipo de material es la carcoma, pequeñas larvas que perforan la madera, dejando marcados pequeños orificios en los muebles.

Formica
- Este material actualmente es muy utilizado en el mobiliario, y es fácil de limpiar.
- Tolera la mayoría de los productos de limpieza.
- Para su limpieza se emplea agua y detergente neutro. Se puede utilizar un estropajo si la suciedad es muy resistente o una bayeta. Si de lo que se trata es de quitar una mancha de tinta, se puede frotar con un poco de alcohol.

Plástico
- Al mobiliario de plástico, como las sillas para exteriores, se les quitará el polvo con un paño humedecido con detergente neutro.
- En el caso de que la suciedad sea resistente, se puede diluir lejía con agua, para limpiarlas y posteriormente secarlas, incluso alcohol de quemar.
- Se debe tener cuidado de aplicarle disolventes que puedan estropearlo, al igual que su exposición continuada al sol, que hará que el material pierda su color y aspecto original.

Limpieza de metales

En relación a la limpieza de los metales es importante destacar que no debe emplearse agua. En el caso de hacerlo, hay que asegurarse que posteriormente se seca en su totalidad para evitar que este pueda oxidarse, siendo habitual el uso de bayetas secas con las que retirar el polvo de forma periódica.

Al mismo tiempo es importante conocer la naturaleza de los metales de los que se componen. Algunos de los más característicos y usados en torno a la fabricación de piezas utilizadas en la decoración de alojamientos parten del uso del acero inoxidable, bronce, cobre, níquel y latón, por lo que a continuación se presentarán de forma más exhaustiva las medidas a llevar a cabo para su limpieza:

Bronce
- Es una aleación de cobre y estaño. El bronce se puede limpiar con **zumo de limón y agua a partes iguales.** También se puede utilizar si este presenta un aspecto oscurecido una especie de **pasta hecha con vinagre y pimentón:** tras esparcirla y antes de que se seque, se debe frotar con un paño o bayeta de lana para sacarle brillo. Para su mantenimiento se recomienda aplicar barniz para metales.

Cobre
- El cobre cada vez se utiliza menos ya que con el paso del tiempo ha sido sustituido por el acero inoxidable. Para su limpieza no se deben utilizar productos abrasivos y si se carece de productos específicos se puede utilizar al igual que para limpiar el bronce una especie de papilla creada con la **mezcla de pimentón y vinagre,** que deberá ser retirada con un paño antes de que se seque completamente. Con ello se conseguirá que nuevamente brille.

Latón
- Este material se realiza con una aleación de cobre y cinc, y a veces otros metales. Para limpiarlo se le pasa un paño humedecido y posteriormente se frota con otro seco para sacarle brillo.

Níquel
- Con el tiempo pueden cubrirse de una película o capa verdosa, que desaparece con **ácido acético y alcohol.**

Acero inoxidable
- Debe evitarse utilizar polvos abrasivos o estropajos que lo rayen. Para limpiarlo se utilizará **detergente líquido y agua** a ser preferible caliente. Ante manchas resistentes se puede utilizar **alcohol de quemar o amoníaco.**

Limpieza de elementos de cuero

Diariamente, se procederá a retirar el polvo, con una bayeta o plumero. Se debe tener en cuenta:

➲ Para evitar que se deterioren y cuarteen, se les aplicará una solución de glicerina y dos de alcohol para hidratarlos.
➲ Para eliminar manchas de grasa o aceites, evitando que sean absorbidos por el cuero, se aplicarán polvos de talco.

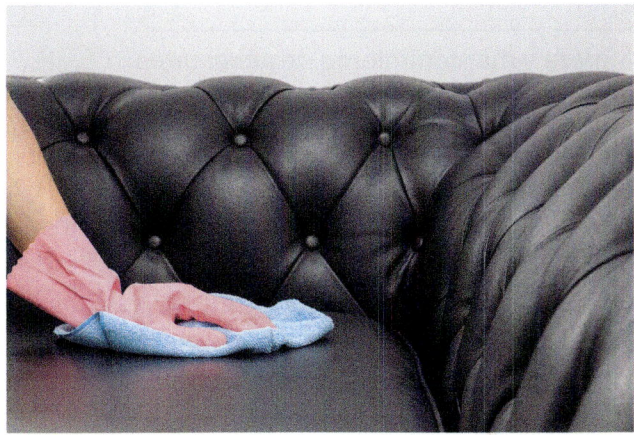

La limpieza del mobiliario de cuero es de vital importancia para asegurar su conservación y una mayor vida.

Limpieza de tapicerías y cortinas

Las telas de tapicerías, colchas y cortinas están preparadas para **lavar en seco** y no con agua. De hacerlo, se corre el riesgo de que pierdan su color y forma original.

El **aspirado periódico** de cortinas y tapicerías contribuye a mantener su aspecto y color, alargando la vida del tejido.

En la actualidad, la limpieza de tapicerías y cortinas se complementa con el uso de los generadores de vapor, que conjuntamente con los sistemas de aspiración, hacen obtener unos muy buenos resultados.

NOTA

Es importante comprobar la calidad del tejido antes de lavarlo, por lo que es aconsejable ver la respuesta del mismo con una pequeña muestra. También es importante observar si el tejido lleva adherido algún tipo de etiqueta donde se especifique la forma en que tiene que ser lavado.

3.3. Limpieza y mantenimiento de accesorios

Existen diferentes accesorios para llevar a cabo la limpieza, teniendo usos concretos, usándose para la limpieza de determinadas zonas o elementos, requiriendo una limpieza y mantenimiento característico con el fin de poder seguir utilizándolos durante más tiempo y evitar que se deterioren con facilidad. Así, las premisas a seguir para la conservación de los principales accesorios de limpieza son los siguientes:

- **Aspiradora.** La aspiradora, como cualquier aparato eléctrico, debe tener un cuidado especial ya que, de lo contrario, el motor y el mecanismo de funcionamiento se deteriorarían con facilidad. Una vez utilizada, se debe retirar la bolsa contenedora donde todas las partículas de polvo han ido a depositarse. Bien se verterá su contenido en una bolsa de basura o de ser desechables, se cambiará por otra nueva. Importante es limpiar el filtro, ya que de lo contrario, la aspiradora irá perdiendo potencia y se podrá quemar el mecanismo. En el caso de no poseer bolsa, se deberá limpiar el recipiente contenedor, utilizando para ello las recomendaciones del fabricante.
- **Abrillantadora.** Respecto a la abrillantadora, debe revisarse de forma periódica el disco abrillantador y si está gastado, cambiarlo.

NOTA

El personal de mantenimiento será responsable de revisar la aspiradora y la abrillantadora y garantizar que estén en perfecto estado. De esta forma, se asegura que no se deterioren con facilidad.

- **Cubos.** Su mantenimiento es simple, debiendo asegurar su desinfección y limpieza usando para ello agua limpia. Se deberá secar, evitando restos de agua, que pueden tomar mal olor.
- **Fregona.** La fregona, para su mantenimiento, requiere dejarla sumergida en agua con desinfectante pero no durante mucho tiempo, pues el tejido podría debilitarse e incluso desprenderse con facilidad. Una vez desinfectada, se aclarará con abundante agua, se escurrirá y se dejará secar.
- **Bayetas.** Las bayetas y gamuzas tras ser utilizadas deben limpiarse con agua a ser posible tibia y detergente neutro. Hay que aclararlas, escurrirlas y ponerlas a secar.
- **Rasca vidrios y limpiacristales.** El rasca vidrios y limpiacristales tiene un mantenimiento sencillo. Se limpiarán y se guardarán secos para evitar su oxidación. Una vez gastados tanto el perfil de plástico, en el caso del limpiacristales, como la cuchilla, en el del rasca vidrio, se deberán reemplazar por nuevos recambios.
- **Escoba y recogedor.** La escoba o cepillo para el suelo, una vez utilizado, debe limpiarse para su posterior uso. Ya seco, se retirarán los restos de las cerdas y posteriormente se fregará con agua y detergente para eliminar los restos de suciedad. Se aclarará con abundante agua, se agitará vigorosamente para escurrirlo y se dejará secar preferiblemente con las cerdas hacia arriba. El recogedor se deberá limpiar con agua jabonosa y secar.

IMPORTANTE

A la hora de utilizar y limpiar cualquier accesorio se debe estar concentrado y cuidar la postura de trabajo, así como cumplir determinadas normas o pautas de uso para evitar accidentes o riesgos innecesarios. Hay que tener unas precauciones básicas:

- Utilizar siempre guantes y asegurarse de que están en buen estado antes de manejar cualquier producto, ya que puede existir un riesgo al entrar en contacto la piel con los productos químicos.
- No manipular herramientas eléctricas sin protección y con las manos mojadas, ya que puede existir un riesgo o daño eléctrico.
- Que los mangos de fregonas y cepillos tengan la altura necesaria para poder realizar la limpieza en la postura correcta y evitar posteriores dolores de espalda.

TAREA 6

Como uno de los integrantes de la plantilla de pisos del hotel Fabián, tienes que llevar a cabo en el día de hoy la limpieza de 15 de las habitaciones, siendo 12 de salida y 3 de cliente, así como la limpieza del *hall* y la limpieza y pulimentado de uno de los salones, utilizado en el día de ayer para la celebración de un cóctel.

De forma generalizada, las habitaciones presentan la siguiente disposición y características:

Por su lado, el salón y el *hall*, presentan en el día de hoy el siguiente aspecto:

Describe que premisas deberás tener presentes para desarrollar la limpieza y mantenimiento de dichas habitaciones, así como zonas nobles, sabiendo que el suelo del salón debe ser además pulimentado.

4. Resumen

En el proceso de limpieza de habitaciones es importante diferenciar los procesos llevados a cabo, diferenciando entre:

Procesos en habitaciones de salida	Procesos en habitaciones de cliente	Procesos de limpieza de baños

Además de las habitaciones, el departamento de pisos también será encargado de la limpieza y mantenimiento de las áreas o zonas nobles, cumpliendo en todo momento con las pautas expuestas por el responsable de departamento, diferenciando entre otras la importancia de:

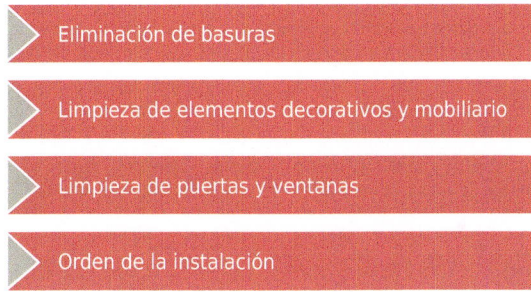

- Eliminación de basuras
- Limpieza de elementos decorativos y mobiliario
- Limpieza de puertas y ventanas
- Orden de la instalación

El proceso de limpieza y mantenimiento se verá relacionado tanto con la técnica utilizada, como con los productos utilizados para ello, siendo dependientes tanto del tipo de suciedad como del tipo de superficie a tratar.

Finalmente, es importante imponer un correcto mantenimiento de los accesorios utilizados para llevar a cabo la limpieza y mantenimiento de las instalaciones con el fin de sacarles el máximo rendimiento, evitando roturas o desgastes excesivos por un uso inadecuado, sin olvidar el aprovechamiento de los insumos utilizados, que deberán garantizar una adecuada adición.

Ejercicios de autoevaluación
Unidad de Aprendizaje 3

1. En las habitaciones de salida...

    a. ... la camarera de pisos no revisará, ni repondrá el mini-bar, quedando pendiente a la llegada del nuevo cliente.

    b. ... la camarera de pisos no tendrá que avisar ante su acceso a la habitación.

    c. ... se retirará la ropa de cama siempre que presente manchas. De lo contrario podrá ser reutilizada sin problemas.

    d. Todas las opciones son incorrectas.

2. El responsable del departamento de pisos es:

    a. La gobernanta.

    b. El valet.

    c. La camarera de pisos.

    d. La persona de más edad o experiencia en el sector.

3. Indica cuál de entre los siguientes supuestos se relacionan con la labor de la camarera de pisos en una habitación de cliente.

    a. Deberá recoger todos los objetos que hay en la habitación, gestionando su retirada como objetos olvidados.

        ■ Verdadero
        ■ Falso

    b. Si el cliente ha dejado su ropa tirada en el suelo, la habitación no será ordenada, ni limpiada hasta obtener el permiso del cliente.

        ■ Verdadero
        ■ Falso

c. Una habitación de cliente requiere una limpieza más exhaustiva, frente a una de salida, por lo que el tiempo destinado a su limpieza aumentará hasta los 30 minutos.

- ■ Verdadero
- ■ Falso

d. La camarera de pisos verificará el funcionamiento de luces y grifería, emitiendo en su caso el parte de avería requerido.

- ■ Verdadero
- ■ Falso

4. **De entre los siguientes procesos, relacionados con la limpieza de las zonas nobles, indica cuál será el primer paso a llevar a cabo.**

a. En primer lugar se aspirarán las moquetas o bien se llevará a cabo un barrido húmedo.
b. En primer lugar se ordenará y limpiará el mobiliario.
c. En primer lugar se retirará el polvo de mobiliario y elementos decorativos.
d. En primer lugar se retirará la basura de las papeleras y se limpiarán.

5. **Indica si son verdaderas o falsas las siguientes afirmaciones en torno a los productos específicos utilizados en la limpieza de habitaciones y zonas comunes de alojamientos.**

a. El uso de aguas duras facilitan la limpieza, facilitando la creación de espuma.

- ■ Verdadero
- ■ Falso

b. Los productos de limpieza denominados tensioactivos aniónicos se caracterizan por su incapacidad de formar espuma.

- ■ Verdadero
- ■ Falso

c. Los productos de limpieza denominados tensioactivos catió-nicos se caracterizan por su poder desinfectante y suavizante.

- ■ Verdadero
- ■ Falso

d. Los productos tensioactivos no iónicos tienen como principal función reducir la cantidad de espuma que producen los aniónicos.

- ■ Verdadero
- ■ Falso

6. **Entre los productos de limpieza denominados coadyuvantes existen diferentes variedades. ¿Qué nombre reciben aquellos que tienen un efecto anticorrosivo?**

- a. Silicatos alcalinos
- b. Fosfatos
- c. Perboratos
- d. Carbonatos sódicos

7. **Indica si las siguientes afirmaciones son verdaderas o falsas.**

a. Los productos ácidos serán ideales para la limpieza de suelos y superficies de mármol.

- ■ Verdadero
- ■ Falso

b. El terrazo y la pizarra, son materiales que aunque aceptan el uso de productos alcalinos para su limpieza, se recomienda para ello el uso del agua.

- ■ Verdadero
- ■ Falso

c. La limpieza de superficies de madera aceptan productos alcalinos para su limpieza.

- ■ Verdadero
- ■ Falso

d. Para la limpieza de la moqueta, quedará prohibido el uso de productos alcalinos, pudiendo causar grandes daños.

- ■ Verdadero
- ■ Falso

8. El amoniaco es uno de los productos más adecuados para...

a. ... la limpieza de superficies con grasa acumulada.
b. ... el desinfectado y blanqueado de las superficies.
c. ... la eliminación de virus, bacterias o cualquier microorganismo.
d. ... eliminar restos de óxido mineral, así como restos de cemento.

9. Para el mantenimiento de elementos de cuero se aplicará...

a. ... una solución de ácidos tensioactivos en agua.
b. ... una solución de una parte de glicerina y dos de alcohol.
c. ... una solución de agua y detergentes ácidos.
d. ... una solución de hipoclorito de sodio.

10. Indica si son verdaderas o falsas las siguientes afirmaciones en relación a un correcto mantenimiento de accesorios implicados en el proceso de limpieza.

a. Los elementos eléctricos como las aspiradoras o abrillantadoras no requieren mantenimiento.

- ■ Verdadero
- ■ Falso

b. Los cubos utilizados en la limpieza deberán conservarse junto con el agua de fregado hasta el momento de su uso.

- ■ Verdadero
- ■ Falso

c. Tanto las bayetas como las fregonas, deberán mantenerse una vez desinfectadas, escurridas y secas.

- ■ Verdadero
- ■ Falso

Aplicación de la calidad de servicio

Contenido

Objetivos

El objetivo general de esta Unidad de Aprendizaje es:

→ Identificar las necesidades del cliente y hacer frente a posibles quejas y reclamaciones.

Los objetivos específicos de esta unidad de aprendizaje son:

→ Identificar y saber actuar ante diferentes tipologías de clientes.

→ Imponer una actuación correcta frente a posibles peticiones de clientes.

→ Establecer una actuación adecuada frente a posibles quejas y reclamaciones de clientes.

1. Introducción

Ofrecer calidad implica profesionalidad, por ello, es importante una formación específica tanto en torno a la ejecución directa en base al trabajo a cubrir como en los procesos relacionados con este, cobrando especial importancia los relacionados con la atención al cliente.

Así, es necesario analizar un aspecto tan importante y primordial en todo establecimiento dedicado al alojamiento como es la figura del cliente.

Es importante conocer y distinguir rasgos o actitudes en los clientes, pudiendo proporcionar un trato adecuado. Para ello, se deben conocer las características de los diferentes usuarios, las normas de actuación ante peticiones o quejas y las técnicas de comunicación adecuadas.

Y es que todo establecimiento dedicado al alojamiento vive por y para satisfacer a su consumidor, proporcionándole lo deseado y cumpliendo sus expectativas y deseos se conseguirá el éxito, es decir, un resultado positivo de todos y cada uno de los eslabones que componen la cadena de este tipo de establecimiento. Por ello, se continuará mostrando los casos que diariamente ocurren en la cadena hotelera Fabián & Company, facilitando una mayor practicidad a los contenidos expuestos.

2. Identificación de los tipos de clientes

 HILO CONDUCTOR

El Sr. Leiner es cliente habitual del restaurante Siles, galardonado con una estrella Michelín. Pese a la confianza que tiene con los distintos trabajadores, tratándolos como familia, todo el personal, sigue mostrando el máximo respeto durante su atención, lo que manifiesta un profundo respeto y profesionalidad.

En los establecimientos dedicados al alojamiento, se tiene como pilar fundamental prestar un determinado servicio a los usuarios que acceden al establecimiento. Por lo tanto, es pieza fundamental el estudio y análisis del trato hacia los mismos.

Así, el hecho de clasificar a los clientes ayuda a conocer sus necesidades y permitirá tratarlos adecuadamente y según sus expectativas, así como ampliar la producción al ofrecer distintos servicios a clientes según su clasificación.

No es tarea fácil establecer una tipología o clases de las personas. Es sabido que cada ser humano es único y diferente, así como su forma de actuar según la situación en la que se encuentre. Debido a ello, no se puede establecer una tipología de personas, pero lo que sí se puede establecer son grupos de personas según su carácter o comportamiento, motivaciones, actividades a las que se dedican, etc.

2.1. Tipologías de personalidad

Conocer la personalidad de los clientes es uno de los factores más determinantes en base a una correcta atención. Usando un poco de psicología y siguiendo ciertas directrices estándares, podrá atenderse al cliente de manera óptima, consiguiendo un alto grado de satisfacción por su parte y la fidelización del cliente, que al fin y al cabo es lo que se persigue. Las tipologías más comunes, en base a la personalidad del cliente, diferencia entre:

- **Cliente amigable.** Se trata de un cliente cortés, simpático y extrovertido. Tiene un trato afable y bastante hablador. Es muy probable que este tipo de cliente hable incluso demasiado, entrando incluso al terreno personal. Se le debe tratar de forma educada y amigable y aunque nos trate haciendo uso del tuteo, no se debe nunca proceder del mismo modo, debiendo contestar siempre con profesionalidad y tratarlo de manera afable.
- **Cliente frívolo.** Aficionado al lujo, se siente motivado por un deseo de pertenecer a una clase social determinada y un deseo de prestigio. Exigirá un trato preferencial y un buen servicio, siendo muy exigente. Son personas correctas y excesivamente educadas, no aceptando ningún tipo de equivocación durante el proceso, por lo que aunque sean tratados al igual que el resto de clientes, se debe prestar especial atención.
- **Cliente social.** Se trata de clientes amables, habladores y simpáticos, que disfrutan con el trato con la gente y pueden llegar a buscar un ambiente familiar y nuevas amistades. Para este tipo de cliente es casi más importante el trato que el servicio en sí, debiendo recibirlos de forma cordial, acogiéndoles de manera afable haciéndoles sentir como si estuviesen en casa.
- **Cliente tímido.** Se trata de clientes callados, introvertidos e incluso inseguros, que buscan afecto y seguridad. Pueden llegar a tener problemas para comunicar con claridad lo que quieren. No obstante, pese a ello,

resultan fáciles de convencer, hecho que no debe utilizarse en su contra, ya que lo más probable es que no vuelva a utilizar nuestros servicios si finalmente se siente engañado.

Se les debe tratar con cuidado, inspirándoles en todo momento confianza.

- **Cliente exigente.** Se trata de un cliente quejoso, nunca estará satisfecho por la atención o el servicio recibido, que siempre encuentra un defecto por pequeño que sea. Cree tener siempre la razón y nunca quedará contento. Este cliente puede llegar a ponerse agresivo o prepotente, principalmente cuando se le contradice. Se les debe tratar mostrando mucha paciencia, intentando no provocarlo, ni contestarle de manera incorrecta, debiendo escucharles de forma atenta, aceptando sus quejas, dándole la razón en la medida de lo posible, tratando solucionar cualquier problema que tenga.

- **Cliente independiente.** Se trata de clientes que dan más interés a sus intereses, teniendo las ideas claras, siendo difíciles de convencer. Tienen un trato cordial y correcto, pero distante, dando a entender que no desean mantener una larga conversación. Este tipo de cliente debe ser tratado con amabilidad y cortesía, dándole la información justa, sin atosigarles.

- **Cliente impaciente.** Se trata de clientes que siempre van con prisa y que necesitan que se les atienda lo antes posible. Son personas poco habladoras y muy nerviosas, concisas en sus explicaciones y comunicaciones. Suelen pensar que ellos tienen prioridad y exigen que se les atienda rápidamente sin que les importe que haya otros clientes que estén esperando antes. Se les distingue por su nerviosismo e incluso porque a veces hablan atropelladamente. Son clientes que no paran de moverse y si creen que están tardando demasiado en atenderles se pondrán a mirar el reloj, o mirar a todos lados e incluso a resoplar.

- **Cliente curioso.** Se trata de clientes sociables y simpáticos, bastante habladores y preguntones. Se identifican por su curiosidad y porque parecerá que no se quieren ir, necesitando más información de la proporcionada. Se deberán atender de forma afable, transmitiéndole gran cantidad de información, de manera que sienta su curiosidad satisfecha.

- **Cliente desconfiado.** Se trata de clientes quisquillosos, precavidos y bastante prudentes. Necesitará observar todo e incluso comprobar aspectos propios relacionados con su servicio. Se deberá tratar con bastante exactitud y profesionalidad. No se debe dejar ningún cabo suelto ni mostrar ningún tipo de duda. Es fundamental mostrar seguridad en uno mismo y en lo que se está explicando, para infundir asimismo seguridad al cliente.

- **Cliente introspectivo.** Se trata de un cliente lento, tranquilo y normalmente dubitativo, aunque muy vacilante al estudiar sus decisiones. Aunque parece un cliente fácil de atender hay que tener mucho cuidado con la información que se le proporciona, debiendo ser exacta y clara, ya que es un tipo de cliente que no acepta con demasiado agrado las contra-dicciones.

NOTA

La personalidad del cliente puede verse afectada por distintas situaciones, pudiendo verse modificada. De esta forma, es importante el tratamiento de un cliente enfadado, el cual mostrará una actitud inquieta moviéndose y mostrando una actitud agresiva. Su atención es compleja, debiéndole dejar que se explique y se desahogue mostrando empatía hacia él y tratando de solucionar su problema lo antes posible. Se deberá dirigir a una zona más tranquila e incluso a un despacho y si es posible, ofrecerle que le atienda un superior, así se sentirá mejor tratado.

Ante una actitud agresiva, se deberá mostrar la máxima paciencia, quedando siempre alerta evitando cualquier tipo de agresión.

ACTIVIDAD

4. Determinar la personalidad de un cliente será fundamental para su correcta atención o servicio.

La técnica en base a esta determinación se consigue mediante la práctica, siendo muy importante observar situaciones reales. Por ello, lleva a cabo la

Continúa en página siguiente >>

<< Viene de página anterior

búsqueda de vídeos en los que se observen situaciones reales, relacionadas con hechos acontecidas en establecimiento de hostelería y relacionados con el departamento de pisos.

Centrándote en los vídeos propuestos, desarrolla un comentario, en los que se exponga si la metodología de actuación ha sido la correcta, justificando posibles mejoras.

2.2. Tipología según su motivación al viajar

Los motivos que llevan a los clientes a viajar también ayudarán a reconocer sus necesidades. En base a este factor, se diferencian los clientes alternativos, de aventura, de trabajo, itinerantes, fijos o móviles, exponiéndose a continuación las notas más características en torno a su actuación.

Cliente alternativo

Es un tipo de cliente que busca un viaje distinto o alternativo. Su principal motivación a la hora de viajar es involucrarse en la cultura del lugar. Suele tratarse de un cliente madrugador que trata de aprovechar el día visitando y conociendo lugares y busca lo que no sea convencional ni esté masificado. Su intención es involucrarse con la población autóctona y conocer sus costumbres. Da mucha importancia a la acogida y al trato, que deberá ser correcto y que se ajuste a lo contratado.

Es un cliente que agradecerá cualquier tipo de información que se le pueda proporcionar y que no sea la información estándar.

Cliente de aventura

Es un cliente parecido al cliente alternativo, pero que busca el contacto con la Naturaleza. Su prioridad no suele ser un buen hotel y restaurante de lujo, sino que se le proporcione información adecuada sobre las distintas actividades posibles y se le facilite el acceso a las mismas. Tanto el hotel como el restaurante podrán ser sencillos, pero deberán ser confortables.

Cliente de trabajo

Es un cliente que normalmente tendrá prisa. Necesita descanso mientras se encuentra en el hotel, facilidades de desplazamiento, un trato cordial pero rápido y que la información que se le proporcione sea exacta. A la hora de elegir alojamiento, suele decantarse por los hoteles céntricos y con el mayor número de prestaciones que le permitan seguir con su trabajo mientras se encuentra en el establecimiento.

Cliente itinerante

Es un cliente que viaja mucho y está interesado en conocer muchos lugares y sitios en sus viajes. Es importante que reciba un buen trato ya que al tratarse de un cliente que viaja mucho, podría repetir. También hay que tener en cuenta, que por ese mismo motivo, el cliente conoce muchos lugares y siempre tenderá a compararlos.

Cliente fijo

Es un tipo de cliente cuya principal motivación para el viaje es el descanso. Necesita sentirse como en casa, siendo su mayor ejemplo el turista de sol y playa. Su intención es permanecer en un mismo hotel o apartamento todas las vacaciones y suele ser de costumbres fijas, yendo casi siempre al mismo sitio a comer y desplazándose únicamente para pequeñas y puntuales excursiones. Se le debe acoger de una manera cálida y familiar.

Cliente móvil

Es una mezcla entre un cliente fijo y un cliente itinerante. Es un cliente sedentario, es decir, que no suele cambiar su lugar de estancia durante las vacaciones, pero sí que se interesa por las excursiones y cualquier tipo de visitas que le ayude a conocer la zona e involucrarse con la población local. Se debe mantener un trato cordial con ellos, haciéndoles sentir como en su propia casa, pero a la vez, ofrecerle todo tipo de actividades extra que pueda realizar.

2.3. Tipología en base al colectivo al que pertenecen

Con frecuencia, el cliente acude a un hotel de manera colectiva, integrado o acompañado de un grupo. Esta característica también nos facilita una tipología de cliente, ya que según el colectivo al que pertenezcan podrá tener unas necesidades u otras, diferenciando:

- **Congresistas.** Este tipo de clientes requieren una atención especializada y estar bien informados. Es muy habitual la demanda de información en base a los distintos servicios que ofrece el establecimiento, el lugar donde se celebra el congreso, etc. información que se deberá tener disponible y confirmada.
- **Grupos.** Al igual que los congresistas, suelen tener el viaje organizado, si bien, la gran diferencia es que en esta ocasión el viaje se lleva a cabo por motivos de placer. Su atención deberá ser correcta e individualizada, pensando que cada uno de ellos son independientes y pueden actuar de forma distinta o tener personalidades diferentes. Al estar casi siempre organizadas todas las excursiones, visitas, lugares de comida, etc., se les deberá reservar tanto en los hoteles como en los restaurantes, una zona donde puedan acomodarse juntos.
- **Tercera edad.** Se trata de un grupo de personas mayores a las que habrá que tratar con mucha paciencia y amabilidad, tratando de empatizar con ellos. Suelen ser personas algo entorpecidas y lentas, por lo que conviene facilitarles todo lo más posible, atenderles con cariño y repetir las cosas las veces que necesiten.
- **Familias con niños.** Se trata de clientes que buscarán actividades para realizar en familia. Se les deberá proporcionar toda la información que se pueda sobre lugares de actividades infantiles, restaurantes con animación, etc.

TAREA 7

Hoy se lleva a cabo el *check in* de un grupo de viajeros pertenecientes a una importante empresa. Los integrantes del grupo son de diferente nacionalidad y estatus social.

Al tratarse de un grupo, el personal se despreocupa y trata a todos los integrantes del grupo por igual, pareciendo no haber ningún problema.

No obstante, durante el servicio se producen bastantes incidencias, ya que mientras que unos clientes se sienten desatendidos, otros, se ven agobiados con la atención dada.

Como responsable del establecimiento y con el fin de evitar posibles futuras incidencias. En base a una personalidad (presentar vídeo, cronología de

Continúa en página siguiente >>

<< Viene de página anterior

actuación de un individuo, ...) supuesta por ti, describe cómo se debería actuar, determinando la tipología del individuo, presentándose como ejemplo para el resto de los integrantes de la plantilla.

---

3. Aplicación de las normas de actuación ante la petición de un cliente

☞ HILO CONDUCTOR

Una campaña publicitaria llevada a cabo por la cadena hotelera Fabián & Company, atrae a un gran número de clientes de origen japonés. Con el fin de prestarles el mejor servicio y con ello conseguir la máxima aceptación, se lleva a cabo un seminario para todo el personal, en el que se incluyen bases de la cultura nipona, destacando sus costumbres en torno a procesos de atención, ya que las costumbres occidentales pueden llegar a parecer excesivamente cercanas, produciendo en cierta medida situaciones incómodas para ellos.

Es importante conocer la tipología de usuarios y clientes, su comportamiento y rasgos, pero no lo es menos saber la forma de actuar ante sus peticiones.

El cliente siempre valorará dos elementos:

> El establecimiento en su totalidad, es decir, las instalaciones, decoración, innovación, comodidad, etc.

> El trato del personal del establecimiento.

Así, no se debe olvidar que ambos elementos van inevitablemente unidos, con lo que, si uno de los dos no es satisfactorio, será suficiente para que la nota global del mismo dé un resultado negativo, es decir, aunque el establecimiento esté dotado de unas instalaciones excelentes, si el trato del personal no es satisfactorio, el cliente no estará satisfecho, lo mismo que si el trato personal es excelente pero las instalaciones dejan que desear.

El usuario desea ser atendido, que sus opiniones sean tenidas en cuenta, así como solucionar los problemas que le puedan surgir, y en todos los casos, con la mayor brevedad posible. Por ello, es muy importante mostrarse atento y perceptivo ante sus sugerencias, mostrando en todo momento:

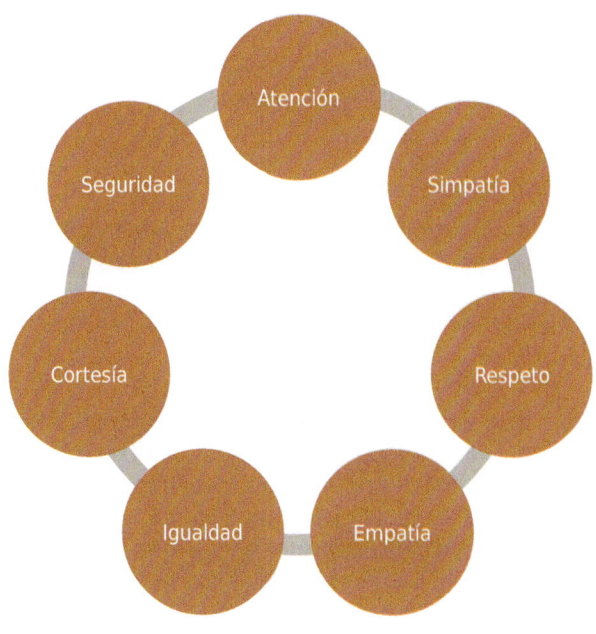

 IMPORTANTE

El cliente es elemento clave de todo establecimiento de alojamiento, por lo que hay que atender sus peticiones.

 ACTIVIDAD COMPLEMENTARIA

5. Las costumbres y diferentes culturas hacen que el proceso de atención difiera, lo que resulta un problema en torno a la acogida, tratamiento y despedida de los clientes en los establecimientos de alojamiento.

Continúa en página siguiente >>

<< Viene de página anterior

Una de las más características, son las costumbres árabes y orientales, siendo muy importante conocer al menos las pautas más representativas (saludos, despedidas, protocolos, etc.).

Centrándote en una de las costumbres que más influyan en tu rutina de trabajo diario, establece los principios correctos de actuación en torno a las pautas comunes durante la atención del cliente.

En base a los principios presentados, hay que tener presente que ante una petición de un cliente se deberán llevar a cabo las siguientes pautas.

Atender a su petición

Lo primero que se debe hacer es escuchar las explicaciones del usuario, para poder entender lo que desea. Puede ser que se encuentre ante situaciones en las que no tenga claro lo que este desea o lo que le trata de decir. Si es así, en ningún caso debe hacerle entender al usuario que no sabe explicarse, sino todo lo contrario: que usted quiere asegurarse sobre lo que le está sugiriendo. Para ello, podrá utilizar expresiones como:

- "Usted lo que desea es..."
- "No se preocupe, le he entendido perfectamente: usted desea... "

Mediante este tipo de expresiones conseguiremos asegurarnos de la petición y así evitaremos errores innecesarios por falta de comunicación.

 **EJEMPLO**

En una situación de enfrentamiento en que el cliente ha perdido los nervios, se le podría decir: "De verdad que estoy intentando resolver su problema, pero si sigue gritando de esa manera voy a tener que pedirle que se vaya".

Prestar la información necesaria

Se deberá atender siempre las peticiones de información por parte de los usuarios. Se les proporcionará la información hasta que sus dudas o inquietudes desaparezcan.

Se debe tener presente que se ha de ser comedido, es decir, no atosigar ni agobiar con demasiada información, dejar que el usuario sea el que pregunte y responder a lo preguntado, ya que sobrepasar esos límites puede llegar a agobiarlo e incomodarlo. Es sabido que el cliente suele ser curioso, pues quiere conocer el establecimiento en el que se encuentra, pero ello no en todos los casos quiere decir que realmente esté interesado, sino que simplemente quiere informarse.

NOTA

En cuanto a la cantidad de información, hay que prestar la atención necesaria, es decir, ni ser muy escueto ni extenderse demasiado.

TAREA 8

Durante el proceso de limpieza de las zonas nobles se observa que la camarera de pisos está centrada en su trabajo, no prestando atención a los clientes que pasan por su lado, incluso cuando estos hacen gestos amables hacia ella.

Por otro lado, a dos clientes de su confianza los abraza y besa de forma muy amable, olvidándose de que está desarrollando su labor.

Como gobernanta del establecimiento, al observar dicha actuación. ¿Qué pautas de actuación debes hacer saber a tu compañera?

Lleva a cabo una descripción, que servirá como base para implantar una actitud correcta hacia la atención del cliente.

4. Gestión de las quejas y reclamaciones de un cliente

👉 **HILO CONDUCTOR**

En relación a la habitación 525 se han producido algunas incidencias, lo que ha provocado las quejas de los clientes. La camarera de pisos, a la que le comentan las incidencias indica que ella tiene mucho trabajo, que no es responsable y que no puede hacer nada. El cliente se siente muy molesto por la respuesta y cuando llega a recepción pide el libro de reclamaciones, por lo que una situación que podía haberse solucionado con una simple atención correcta por parte de la camarera de pisos, ha supuesto una reclamación formal, quedando registrada y expuesta en la web lo que manchará la imagen de nuestro establecimiento.

Cualquier profesional dedicado al turismo se enfrenta a menudo con situaciones donde los clientes se quejan. Dichas situaciones suelen ser incómodas e incluso pueden volverse más difíciles todavía si no se resuelve el problema a tiempo. Además, que no hay que olvidar, que no solo afectan al servicio ofrecido en ese momento, sino también a cualquier futura relación del cliente con la empresa.

Las situaciones difíciles son parte de cualquier empresa, sobre todo, de las que se dedican al servicio y atención al cliente.

Una actitud muy común frente a una queja es ponerse a la defensiva, lo cual es erróneo desde cualquier punto de vista.

La nueva perspectiva de las quejas y reclamaciones pasa por pensar que tanto las quejas como las reclamaciones son instrumentos fundamentales que inciden en mejorar el funcionamiento de la empresa.

Una queja o reclamación es una expresión de la insatisfacción de un cliente por un servicio, pero en vez de tomarlo como algo negativo se deberá considerar como una herramienta de comunicación que el usuario utiliza para mostrar sus opiniones o ideas sobre algo que no le ha gustado.

Tomándolo desde el punto de vista positivo, dicha queja es una fuente de información para poder mejorar la calidad. Al evidenciar un cliente problemas o errores, la empresa deberá optar por realizar todos los cambios pertinentes para que se solventen los problemas y aumente así la fidelidad de los clientes.

La idea no es alegrarse por recibir una queja o reclamación, evidentemente recibir una queja, es algo fundamentalmente negativo ya que significa que el cliente no está satisfecho, pero sí actuar de forma proactiva si se recibe alguna.

Una vez recibida, es importante que:

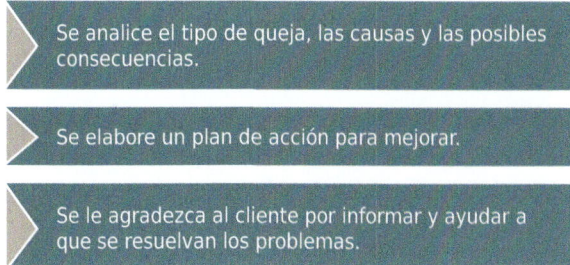

Se analice el tipo de queja, las causas y las posibles consecuencias.

Se elabore un plan de acción para mejorar.

Se le agradezca al cliente por informar y ayudar a que se resuelvan los problemas.

La estructura funcional de cualquier empresa de servicios, deberá establecer unos protocolos de actuación o procedimientos a través de la formación e información, para que el personal sepa exactamente cómo actuar en caso de que un usuario presente una reclamación o queja.

**Este establecimiento tiene hojas de quejas
y reclamaciones a disposición de
las personas consumidoras o usuarias
que las soliciten**

**This establishment has claim and complaint forms
available for consumers or users
who may request for one**

El libro de quejas y reclamaciones deberá estar a disposición de todos los clientes y estar anunciado con un cartel indicador.

Con la perspectiva de entender las quejas y reclamaciones como algo que ayuda a la empresa a mejorar, es importante establecer facilidades a los clientes para que puedan opinar y quejarse si lo viesen necesario.

NOTA

Aunque *a priori* puede parecer que proporcionar facilidades a un cliente para que se queje es indicar que se sabe que el servicio que se ofrece no es bueno, en realidad, la intención y lo que da a entender a un cliente es que se está dispuesto a mejorar y a satisfacer las necesidades de los clientes.

4.1. Tipología de reclamaciones

Un cliente que se encuentra insatisfecho puede actuar o no, pudiendo hacerlo bien mediante una **acción pública,** consistente en: quejarse a la empresa o ante alguna agencia privada o gubernamental, buscar una compensación económica y emprender acciones legales. Por su lado, una **acción privada** indica no volver a usar nuestro servicio y/o no recomendar el servicio a otros.

NOTA

Por norma general, los clientes suelen ser más reacios a presentar quejas públicas y lo más común es que el cliente advierta a los conocidos de su descontento.

Otras clasificaciones de las quejas se pueden realizar atendiendo a la postura que se adopta, al contenido o al proceso, indicándose:

⊃ Según la **postura** que se adopte, se diferencia entre:

- ◑ **Activa.** Cuando el cliente hace algo por cambiar la situación. Ejemplo: la comunicación negativa a conocidos, la queja informal al personal o la queja formal.
- ◑ **Pasiva.** Cuando el cliente, aun no sintiéndose cómodo con el servicio recibido, decide no quejarse y toma otro tipo de medidas. Ejemplo: no vuelve a utilizar el servicio.

➲ Según el contenido de la reclamación, esta puede ser:

◊ **Justificadas.** Son quejas objetivas, donde el cliente aporta datos y hechos que corroboran el motivo de la queja. Ejemplo: en la reserva ponía habitación con vistas y es una habitación interior.

◊ **Injustificadas.** Son subjetivas, donde el cliente no puede aportar ningún tipo de dato que corrobore el motivo. No obstante, a pesar de tratarse de una queja injustificada el cliente deberá ser tratado con la misma amabilidad y cortesía que si fuese justificada. Ejemplo: el cliente piensa que la comida que le han ofrecido en el avión es escasa.

➲ En base al proceso de toma, se diferencian entre:

◊ **Suaves.** Son las que el cliente entiende que todo el mundo puede equivocarse y plantea las quejas con educación y delicadeza.

◊ **Duras.** Son las que el cliente actúa de manera déspota y sin tener ningún tipo de consideración por el personal o lo que simplemente puede ser un error involuntario.

Independientemente de cualquier clasificación anterior, es fundamental distinguir entre queja y reclamación, definiéndose:

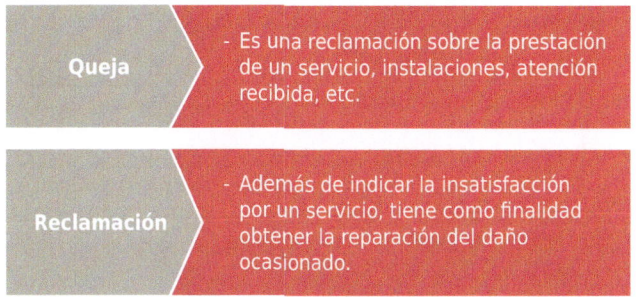

| Queja | - Es una reclamación sobre la prestación de un servicio, instalaciones, atención recibida, etc. |
| Reclamación | - Además de indicar la insatisfacción por un servicio, tiene como finalidad obtener la reparación del daño ocasionado. |

 **NOTA**

En torno a las formas más frecuentes en torno a la exposición de las quejas, se diferencia entre el uso de cuestionarios, cartas de queja enviadas a la empresa, quejas personales, hojas de sugerencias y hojas de reclamación.

- -

4.2. Actitud frente a las quejas o reclamaciones

Antes de ponerse en situación de recibir una queja es importante no tratarla como algo personal, sea de quien sea la responsabilidad, sino como algo que se dirige a la empresa en general. El cliente a la hora de presentar una queja, normalmente, no la hace a una persona en concreto, sino a un servicio que no le ha gustado. Por tanto, es importante conocer las actitudes positivas a imponer, así como las negativas, debiendo ser estas últimas eliminadas de nuestra actuación. Así se relacionan las siguientes:

Actitudes negativas
- No mostrar interés.
- Contestar al cliente y contradecirle.
- Echarle la culpa a un compañero.
- No pensar que la queja sea importante.
- No solucionarlo lo antes posible.
- Dar opiniones personales sobre los compañeros y su forma de trabajar o tratar a los clientes.
- Enfadarse.
- Tomarse la queja como algo personal.
- Asumir más responsabilidad de la que en realidad se tiene.
- Negar lo evidente y tratar de convencer al cliente de otra cosa.

Actitudes positivas
- Conservar siempre la compostura y prestar atención en la exposición del problema por parte del consumidor.
- No minimizar la queja.
- Utilizar la escucha activa.
- No desviarse hacia otros asuntos y centrarse en el problema.
- No discutir nunca con el cliente aunque este no lleve la razón. El personal siempre deberá mantenerse cortés y educado.
- Mostrarse comprensivo.
- Respetar la opinión del cliente.
- Informar al cliente del proceso que se va a seguir para la resolución del problema.
- Demostrar interés por lo que expone el cliente.
- Intentar que el cliente se sienta cómodo.
- Acompañar al cliente hasta la persona que le puede ayudar con el problema.

IMPORTANTE

No se debe desviar la queja ya que es una oportunidad que el cliente brinda a la empresa para ayudar a optimizar la gestión y, por tanto, la rentabilidad, pues no hay que olvidar que atraer a un nuevo cliente es casi seis veces más difícil y caro que mantenerlo.

4.3. Tratamiento de quejas y reclamaciones

A la hora de atender una reclamación hay que distinguir el tipo de reclamación o queja de la que se trata para proceder según convenga, así se diferencia entre queja leve y queja grave o reclamación.

- **Queja leve.** Si tiene fácil solución se deberá proceder a solucionarla lo antes posible. De lo contrario se procederá según el caso:

  - Si se tiene potestad para solucionarlo informar al cliente de la duración aproximada para ello.
  - Si no se tiene potestad para solucionarlo pasar el tema a la persona que debe tratarlo.
  - Si no tiene solución, comunicárselo al cliente a la mayor brevedad.

- **Queja grave o reclamación.** Se deberá proceder a rellenar la hoja de quejas y reclamaciones especificando el problema y adjuntar los documentos anexos que el cliente haya presentado.

En base al tratamiento de las reclamaciones, y dada la importancia y necesidad de su correcta gestión, se hace necesario establecer pautas específicas de actuación, impuestas en este caso por la legislación española, destacando pautas tales como:

- Las hojas de reclamaciones deberán estar a disposición de todos los clientes.
- Deberá indicarse en una zona visible que se dispone de dichas hojas.
- Las hojas de reclamaciones serán facilitadas por las Delegaciones Provinciales de las Consejerías de Turismo.
- Si la reclamación es referente a algún tipo de precio, solo podrá llevarse a trámite la queja si se ha pagado el importe del servicio.

⊃ El formulario debe presentar tres copias de distinto color (blanca, rosa y verde), siendo su destino: verde para el cliente; rosa para la empresa; y blanca para la administración.

⊃ El cliente tendrá un plazo máximo de un mes desde la fecha reflejada en las hojas de reclamación para entregarlas.

⊃ El original entregado en la administración, deberá adjuntarse junto con la documentación de que se dispone, con el fin de corroborar el contenido de la queja.

⊃ La administración dispondrá como máximo de quince días para responder a la reclamación.

⊃ La empresa dispone de ocho días para alegar lo que estime oportuno.

⊃ Una vez se hayan formulado las alegaciones oportunas o pasado el plazo para ello, la Administración iniciará un expediente.

⊃ El establecimiento turístico está obligado a tener hojas de reclamación y entregárselas al cliente siempre que lo solicite.

Tanto el diseño como la metodología a imponer ante la cumplimentación de las hojas de reclamaciones viene determinado por normativa, debiendo ser conocido por todo el personal.

 TAREA 9

En el hotel Siles acontece la siguiente situación:

• El cliente de la habitación 220 indica al departamento de recepción que en el día de ayer, cuando hicieron su habitación, se habían dejado la ropa sucia en el suelo y que en el día de hoy sigue allí. Además, dos de las bombillas del baño parpadean, siendo muy incómodo.

Continúa en página siguiente >>

<< Viene de página anterior

- La recepcionista, le indica que pasará nota de forma inmediata a quien corresponda, pero que en el día de hoy ya no hay nadie en el departamento y que no podrá solucionar el problema hasta mañana.
- El cliente enfurecido solicita un cambio de habitación, a lo que desde recepción le dicen que no es posible, ya que no depende de su gestión y aunque hay habitaciones libres no está autorizada para ello.
- El cliente pide la hoja de reclamaciones.
- Desde el departamento de recepción, indican que en estos momentos están muy ocupados y no pueden seguir atendiéndole, lo que provoca que el cliente enfurezca aun más y solicite la renuncia a su habitación abandonando el hotel.

Establece cómo se debería haber procedido ante esta situación, indicando al mismo tiempo que errores se han cometido y qué personal se ha visto implicado en torno a la mala gestión.

Justifica tu respuesta.

5. Resumen

El cliente cada vez es más exigente con el servicio que se le ofrece y a fin de satisfacer al cliente, las empresas enfocan su atención y orientan sus estrategias hacia el mismo.

Dentro de las estrategias para mejorar el servicio está el considerar al cliente como lo más importante, elaborar encuestas de opinión, confeccionar un protocolo de normas de atención al consumidor, comunicarse de manera efectiva, etc., por ello, es imprescindible conocer la tipología de clientes, pudiendo llevar a cabo diferentes clasificaciones atendiendo a su personalidad, la motivación por la que viaja o incluso al colectivo al que pertenece.

Tipologías de clientes		
Según personalidad	**Según motivación al viajar**	**Según el colectivo al que pertenecen**
- Amigable - Frívolo - Social - Tímido - Exigente - Independiente - Impaciente - Curioso - Desconfiado - Introspectivo	- Cliente alternativo - Cliente de aventura - Cliente de trabajo - Cliente itinerante - Cliente fijo - Cliente móvil	- Congresistas - Grupos - Tercera edad - Familias con niños

El cliente debe ser atendido con las máximas garantías, por ello, es muy importante mostrarse atento y perceptivo ante sus sugerencias, mostrando en todo momento:

Finalmente, saber actuar ante una queja o reclamación ayudará, tanto a evitar la formación de dicha queja como a contribuir de forma favorable ante la opinión final del cliente. Así, es muy importante implantar una actitud adecuada frente a las posibles quejas o reclamaciones, dejando atrás las acciones negativas.

Ejercicios de autoevaluación
Unidad de Aprendizaje 4

1. **Un cliente cortés, simpático y extrovertido, que muestra un trato afable, es bastante hablador, incluso entrando en el terreno personal se dice que según su personalidad es un cliente...**

    a. ... amigable.
    b. ... frívolo.
    c. ... tímido.
    d. ... impaciente.

2. **Indica cuál o cuáles de las siguientes premisas se corresponden con una actuación correcta ante la atención de un cliente muy tímido.**

    a. Podrá ser engañado fácilmente, por lo que se deberá intentar vender lo más caro o con una caducidad próxima.

        ■ Verdadero
        ■ Falso

    b. No se le prestará atención, ya que por su personalidad no lo requiere.

        ■ Verdadero
        ■ Falso

    c. Se le deberá inspirar confianza en todo momento.

        ■ Verdadero
        ■ Falso

3. **Ante un cliente exigente...**

    a. ... no se deberá mostrar paciencia, pues aumentará su agresividad o prepotencia.
    b. ... hay que contradecirlo en su opinión ya que nunca estará satisfecho con nada.

c. ... no habrá que provocarlo, ni contestarle de manera incorrecta, debiendo escucharle de forma atenta, aceptando sus quejas y dándole la razón en la medida de lo posible.

d. ... habrá que intentar pasar desapercibido, no prestándole interés.

4. En base a los siguientes tipos de clientes y las indicaciones propias de un perfil o tipología concreta, lleva a cabo una relación correcta.

a. Cliente alternativo
b. Cliente de trabajo
c. Cliente fijo

__ Dar un trato familiar.
__ Ofrecer un trato cordial y rápido, con información exacta.
__ Dar información específica, no convencional que le permita involucrarse con la población autóctona conociendo sus costumbres.

5. Indica si las siguientes afirmaciones son verdaderas o falsas.

a. El cliente valorará el establecimiento en su totalidad, es decir, valorará instalaciones, decoración, comodidad, etc.

■ Verdadero
■ Falso

b. El trato del personal en relación al cliente no tergiversará la opinión de este último.

■ Verdadero
■ Falso

c. Si el alojamiento cuenta con unas instalaciones excelentes, el trato del personal no influirá en la opinión final del cliente.

■ Verdadero
■ Falso

6. **Durante el proceso de atención al cliente, se deberá mostrar en todo momento:**

   a. Seguridad, atención y simpatía.
   b. Respeto y empatía.
   c. Igualdad y cortesía.
   d. Todas las opciones son correctas.

7. **Recibir una queja permite…**

   a. … conocer las causas y posibles consecuencias por las que se ha generado.
   b. … mejorar en base a la elaboración de un plan de acción determinado.
   c. … ayudar a que se resuelvan de forma eficaz posibles irregularidades.
   d. Todas las opciones son correctas.

8. **Indica si son verdaderas o falsas las siguientes afirmaciones.**

   a. Ante una irregularidad o incidencia soportada por un cliente, este podrá optar por imponer una postura activa o pasiva.

      ■ Verdadero
      ■ Falso

   b. En base al contenido de una queja esta puede ser justificada o injustificada, no prestándole atención a estas últimas.

      ■ Verdadero
      ■ Falso

   c. Toda queja, justificada o no, debe tratarse con la misma amabilidad y cortesía.

      ■ Verdadero
      ■ Falso

9. Ordena las siguientes acciones llevadas a cabo ante el tratamiento de una queja o reclamación, según se consideren acciones negativas y positivas.

 a. Enfadarse.
 b. Demostrar interés.
 c. Echar la culpa a un compañero.
 d. No desviarse hace otros asuntos y centrarse en el problema.
 e. Pensar que la queja no tiene importancia.
 f. Mostrarse comprensivo.
 g. Conservar siempre la compostura.
 h. Mostrar desinterés.
 i. Tomarse la queja como algo personal.
 j. Utilizar la escucha activa.

 __ Actitudes positivas
 __ Actitudes negativas

10. Cuando se trata de una queja leve…

 a. … no se le prestará importancia dejando su solución para cualquier otro momento.
 b. … no requiere de mayor importancia, pudiendo o no informar al cliente del tiempo requerido para su solución.
 c. … se brindará el libro de reclamaciones en primer lugar.
 d. Todas las opciones son incorrectas.

Prevención riesgos laborales

Contenido

Objetivos

El objetivo general de esta Unidad de Aprendizaje es:

→ Prever los riesgos en el trabajo y determinar acciones preventivas elementales y/o de protección a la salud minimizando factores de riesgo.

Los objetivos específicos de esta Unidad de Aprendizaje son:

→ Detectar los principales riesgos inherentes al puesto de trabajo y adoptar las medidas preventivas elementales.

→ Seleccionar EPI adecuados atendiendo a las necesidades de protección.

1. Introducción

La prevención de riesgos laborales es un aspecto fundamental en cualquier entorno de trabajo y un pilar esencial para garantizar la seguridad y el bienestar de los empleados. En el ámbito de la limpieza de alojamientos, la atención a los detalles es crucial no solo desde el punto de vista higiénico, sino también desde la perspectiva de la seguridad.

La prevención eficaz de riesgos laborales conlleva identificar potenciales peligros antes de que se materialicen en accidentes reales. Esto implica entender las funciones y responsabilidades de cada trabajador en el contexto de su entorno y las herramientas que maneja. Además, es fundamental desarrollar estrategias para gestionar riesgos específicos, como las caídas a distinto nivel, el manejo seguro de sustancias químicas, los sobresfuerzos y las malas posturas, la ejecución de tareas repetitivas o incluso el levantamiento inadecuado de cargas.

En última instancia, una estrategia efectiva de prevención de riesgos laborales no solo protege a los trabajadores, sino que también optimiza el funcionamiento de todo el establecimiento, fundamentando una cultura de seguridad y bienestar que beneficie a todos los involucrados y cumpla con la legalidad vigente; aspectos que se desarrollarán en torno a los casos acontecidos en los establecimientos de la cadena hotelera Fabián & Company.

2. Identificación de las funciones generales

☞ **HILO CONDUCTOR**

Raquel, responsable de uno de los establecimientos de la cadena Fabián & Company hace ver a sus trabajadores que la coordinación eficiente durante la jornada laboral minimiza el riesgo de accidentes, así como el tiempo de actuación de las tareas asignadas, por ello, a diario hace una reunión de equipo que en apenas unos minutos permite una coordinación total.

En el ámbito de los alojamientos, la limpieza se erige como un componente fundamental que no solo afecta la percepción de los clientes, sino también a la salud y seguridad de los empleados y huéspedes.

La identificación clara de las funciones generales en los procedimientos de limpieza es esencial para asegurar un ambiente seguro, higiénico y eficiente.

Entre estas funciones, destacan las siguientes:

Supervisión y organización del equipo de trabajo
Este rol incluye asignar tareas específicas a cada miembro del equipo basado en sus habilidades y experiencias, asegurando que los procedimientos y estándares de limpieza se cumplan meticulosamente.

Planificación del proceso de limpieza
Es necesario identificar las áreas a limpiar, la frecuencia con la que deben ser revisadas, y los productos y técnicas más adecuadas para cada tarea. La planificación adecuada permite el uso racional de los recursos y asegura la cobertura total de las áreas, desde las habitaciones hasta las zonas comunes, sin comprometer la calidad de la limpieza y seguridad.

Control de suministros
La gestión del inventario de suministros asegura la disponiblidad inmediata de productos de limpieza y desinfección, así como de los equipos de protección. A su vez permite la elección de productos sostenibles.

Capacitación y evaluación continua del personal
La seguridad en el trabajo y la eficiencia requiere de capacitación, siendo necesario establecer una formación regular que permita identificar áreas de mejora y adecuar las técnicas de trabajo a las necesidades y normativas vigentes.

Implementación de medidas de seguridad laboral
El cumplimiento de las normas de prevención de riesgos laborales es una función inherente a la gestión de limpieza, consistente en establecer y supervisar el uso correcto de equipo de protección personal, como guantes y mascarillas, y promover conductas seguras al manipular productos químicos.

Gestión de residuos
El desarrollo de la actividad debe asegurar una separación correcta de los residuos, por lo que es necesario implementar un sistema de reciclaje eficaz.

Continúa en página siguiente >>

<< Viene de página anterior

> **Comunicación y atención al cliente**
> Es necesario instaurar unas pautas que garanticen una comunicación eficiente, permitiendo escuchar con atención las quejas o sugerencias de huéspedes, lo que proporciona una información valiosa que puede ser utilizada para mejorar las operaciones de limpieza, fortaleciendo la imagen del alojamiento y promoviendo la satisfacción del cliente.

 EJEMPLO

Consideremos un hotel donde la planificación se centra en optimizar tiempos de limpieza sin reducir la calidad. Aquí, el equipo de limpieza recibe capacitación en el uso seguro de productos y maquinaria, reutilizando y reciclando materiales para reducir desperdicios. La supervisora del equipo implementa horarios y rutas eficientes, supervisando que todos lleven el equipo de protección adecuado, reduciendo así incidentes laborales. Este enfoque integral asegura que el hotel se mantenga limpio y seguro, mejorando la experiencia del huésped y protegiendo la salud de todos los involucrados.

3. Gestión de los riesgos asociados

 HILO CONDUCTOR

Las nuevas barredoras utilizadas en los establecimientos de la cadena Fabián & Company permiten minimizar el tiempo de limpieza, así como las bajas asociadas a las malas posturas y movimientos repetitivos propiciados por las largas jornadas de barrido que tenían que soportar algunos de los empleados.

La gestión de los riesgos asociados es una etapa crucial en la prevención de riesgos laborales, especialmente en el sector de limpieza en alojamientos. Una vez que se han identificado las funciones generales de los empleados, es vital asegurar que estas funciones se realicen dentro de un entorno seguro. La gestión de riesgos implica una serie de acciones planificadas y sistemáticas que buscan reducir la probabilidad de accidentes y mejorar la seguridad del entorno laboral.

El primer paso en la gestión de riesgos es la evaluación de los mismos. Esta evaluación comprende un análisis detallado de las condiciones de trabajo, identificando posibles peligros que puedan presentar un riesgo para la salud y seguridad de los empleados. En el contexto de la limpieza en alojamientos, los riesgos pueden incluir la exposición a productos químicos, uso de maquinaria o herramientas, riesgos ergonómicos, caídas, y estrés laboral, entre otros.

En relación a la identificación de los peligros, decir que se trata de un proceso continuo que requiere observación y revisión. Dentro del sector de alojamientos, algunos de los peligros más comunes incluyen:

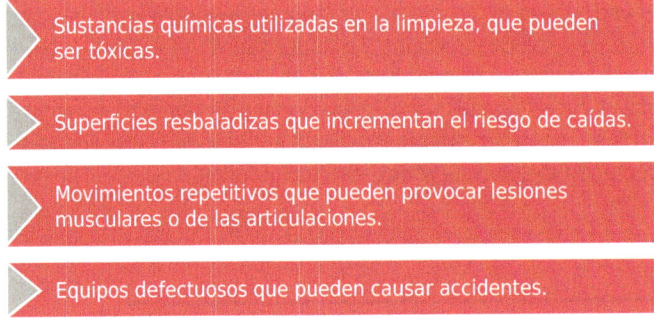

Sustancias químicas utilizadas en la limpieza, que pueden ser tóxicas.

Superficies resbaladizas que incrementan el riesgo de caídas.

Movimientos repetitivos que pueden provocar lesiones musculares o de las articulaciones.

Equipos defectuosos que pueden causar accidentes.

Identificados los riesgos o peligros, el siguiente paso es analizarlos en términos de frecuencia y severidad. Este análisis permite priorizar aquellos peligros que representan un mayor riesgo para el personal.

3.1. Gestiones de caídas al mismo nivel

Las caídas al mismo nivel constituyen uno de los riesgos laborales más comunes y peligrosos en los entornos de trabajo de todo tipo, incluyendo el sector de la limpieza en alojamientos. Estas caídas son responsables de una significativa proporción de lesiones que pueden ir desde leves, como torceduras o magulladuras, hasta graves, como fracturas y esguinces. Por lo tanto, gestionar eficazmente este riesgo es fundamental para garantizar la seguridad y el bienestar de los trabajadores, así como para mantener un entorno de trabajo eficiente y sin interrupciones.

Factores de riesgo

Antes de abordar la gestión de las caídas al mismo nivel, es importante identificar los factores que contribuyen a su aparición. Algunos de los **factores de riesgo** más comunes incluyen:

Suelos resbaladizos
Debido al derrame de líquidos, grasa o incluso por una limpieza reciente, los suelos pueden volverse resbaladizos, incrementando el riesgo de caídas.

Desniveles en el suelo
Los desniveles en el suelo, incluso siendo ligeros pueden ser peligrosos si no son visibles o están señalizados, especialmente en áreas de tránsito frecuente.

Obstáculos en el suelo
Cables sueltos, alfombras movibles o simplemente objetos fuera de lugar pueden convertirse en elementos que provoquen caídas.

Iluminación insuficiente o inadecuada
Una mala o inadecuada iluminación puede impedir ver posibles peligros, aumentando el riesgo de una caída.

Calzado inadecuado
El uso de calzado no antideslizante o poco apropiado para el ambiente de trabajo puede aumentar el riesgo de resbalones.

Medidas de prevención

Son **medidas de prevención** a evaluar frente a este riesgo las siguientes:

Mantenimiento adecuado del suelo
Es vital limpiar cualquier derrame de inmediato y señalizar apropiadamente las áreas mojadas. Se deben utilizar productos de limpieza que no dejen residuos resbaladizos.

Continúa en página siguiente >>

<< Viene de página anterior

Diseño seguro del entorno
Asegurarse de que todos los niveles del piso sean uniformes y estén bien señalizados. Las rampas o desniveles deben ser visibles y contar con pasamanos, si es necesario.

Gestión de cables y objetos
Los cables deben mantenerse recogidos y sujetados adecuadamente, y se debe asegurar que alfombras y tapetes estén bien fijados al suelo, sin bordes sueltos.

Iluminación adecuada
Garantizar que todas las áreas de trabajo estén suficientemente iluminadas y que se realicen revisiones regulares para reemplazar bombillas fundidas.

Uso de calzado adecuado
Proveer a los trabajadores con calzado antideslizante apropiado que les proteja en diversas superficies.

Capacitación y concienciación
Capacitar a los trabajadores mediante charlas de seguridad, simulacros y ejercicios, indicación de instrucciones claras sobre cómo reportar peligros potenciales, etc.

Durante los procesos de limpieza es necesario señalizar posibles riesgos.

3.2. Gestión de caídas a diferente nivel

En el ámbito de la limpieza de alojamientos, uno de los riesgos más significativos a los que el personal puede enfrentarse son las caídas a diferente nivel. A diferencia de las caídas al mismo nivel, que suelen suceder en superficies planas, las caídas a diferente nivel ocurren cuando una persona cae desde una altura a un nivel inferior, tales como escaleras, andamios, plataformas o incluso desde un mobiliario elevado. Este tipo de accidentes son potencialmente más peligrosos y pueden resultar en lesiones graves. Por ello, es esencial implementar medidas de prevención y gestión que reduzcan al mínimo el riesgo de estas caídas.

Identificación de riesgos y áreas vulnerables

El primer paso en la gestión de caídas a diferente nivel es la identificación de las áreas y tareas en las que estos riesgos son más probables. Ejemplos de áreas de riesgo incluyen escaleras de mano, plataformas elevadas, balcones, ventanas y cualquier estructura que requiera que el personal trabaje por encima del suelo. Tareas comunes como el lavado de ventanas en niveles superiores, el cambio de cortinas o el acceso a equipos de mantenimiento alto, pueden incluir el uso de escaleras o andamios. Cada uno de estos escenarios debe ser cuidadosamente evaluado para comprender completamente los riesgos envolventes y establecer las medidas preventivas adecuadas.

Uso y mantenimiento adecuado de equipos

El uso de equipos apropiados y su mantenimiento adecuado es crucial en la prevención de caídas a diferente nivel. Este tipo de equipos incluye escaleras de mano, plataformas móviles, arneses de seguridad y sistemas de ascenso y descenso controlado.

 EJEMPLO

Las escaleras de mano deben ser revisadas regularmente por daños visibles como grietas o piezas sueltas, se respetarán las indicaciones sobre peso máximo, así como se debe asegurar una base estable y segura.

Capacitación del personal

El personal debe estar familiarizado con las políticas de seguridad de la empresa y recibir formación específica relacionada con los riesgos de caídas a diferente nivel. Dicha formación debe incluir:

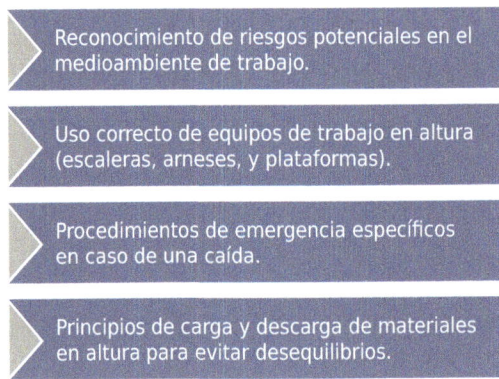

Reconocimiento de riesgos potenciales en el medioambiente de trabajo.

Uso correcto de equipos de trabajo en altura (escaleras, arneses, y plataformas).

Procedimientos de emergencia específicos en caso de una caída.

Principios de carga y descarga de materiales en altura para evitar desequilibrios.

Implementación de medidas de protección física

Las medidas de protección física son también esenciales para la prevención de caídas a diferente nivel. Estas incluyen barandillas, redes de seguridad, y protecciones personales como los arneses cuando corresponda. En edificios de varias plantas, las barandillas y trampillas aseguran que nadie se acerque peligrosamente a los bordes sin protección. En zonas donde se almacenan equipos u otros materiales, se debe garantizar que están asegurados apropiadamente y que no hay caos en las áreas de tránsito que pudieran aumentar el riesgo de tropezar y caer en otro nivel.

3.3. Gestión de caídas de objetos en manipulación

En el entorno de los alojamientos, la gestión adecuada de la manipulación de objetos es crucial no solo para el mantenimiento de la limpieza y organización, sino también para la prevención de riesgos laborales.

Las caídas de objetos durante su manipulación generan un riesgo significativo de accidentes laborales. Estos objetos pueden variar en tamaño y peso, desde artículos pequeños como productos de limpieza, hasta equipos más grandes como aspiradoras o herramientas. La caída de objetos puede causar lesiones a los trabajadores, que van desde contusiones menores hasta heridas graves. La gestión adecuada de la manipulación de estos objetos es esencial para mitigar estos riesgos.

Identificación de riesgos

Un primer paso crucial en la gestión de caídas de objetos es la identificación de riesgos. Esto implica realizar inspecciones regulares de las áreas de trabajo para detectar maquinaria, herramientas y superficies que puedan contribuir a la caída de objetos. Por ejemplo, los carros de limpieza deben revisarse para asegurarse de que los estantes y compartimentos estén seguros y no sobrecargados. Además, es esencial revisar los espacios de almacenamiento para confirmar que las estanterías y gabinetes puedan soportar el peso de los objetos almacenados.

Prácticas adecuadas de manipulación y transporte

Para prevenir caídas de objetos, es fundamental enseñar a los trabajadores las prácticas adecuadas de manipulación y transporte. Esto incluye técnicas como el agarre firme de los objetos, la verificación de la estabilidad de los mismos antes de su transporte, y el uso de las dos manos cuando sea posible. Además, se les debe instruir sobre cómo transportar adecuadamente materiales más volátiles o frágiles para evitar su caída. Un ejemplo común es el manejo de productos de limpieza líquidos, que deben estar bien sellados y almacenados verticalmente para prevenir derrames.

Uso de dispositivos de seguridad

El empleo de dispositivos de seguridad adicionales puede ser de gran ayuda para prevenir la caída de objetos. Los carros de limpieza deberían estar equipados con frenos para evitar movimientos inesperados, y podrían incluir compartimentos con pestillos. Del mismo modo, se recomienda el uso de correas o redes de seguridad para asegurar artículos más grandes o voluminosos durante su transporte. Asimismo, el uso de equipo de protección personal, como guantes o calzado de seguridad resistente, puede reducir la severidad de las lesiones en caso de una caída accidental.

Condiciones del entorno de trabajo

Las condiciones del ambiente donde se realiza la manipulación son un factor determinante en la gestión eficaz de caídas de objetos. Los pasillos y áreas de trabajo deben mantenerse limpios y despejados de obstáculos que puedan provocar tropezones. Las superficies resbaladizas representan un riesgo adicional y deben tratarse adecuadamente, ya sea mediante la aplicación de tratamientos antideslizantes o secándolas de inmediato después de recibir mantenimiento. El mantenimiento regular de las instalaciones asegura espacios de trabajo seguros, reduciendo las posibilidades de lesiones por caídas de objetos.

RECUERDA

Al igual que en los casos anteriores, la formación continua de los empleados es un pilar clave en la prevención de caídas de objetos.

Supervisión y mantenimiento

Las caídas de objetos en manipulación presentan un desafío considerable en la gestión de los riesgos laborales, pero con una estrategia proactiva y adecuada, es posible mitigar significativamente estos peligros y proteger el bienestar de los trabajadores. A través de la identificación de riesgos, la implementación de prácticas seguras, el uso de dispositivos de seguridad, la capacitación continua, y una supervisión eficaz, se puede prevenir eficazmente el riesgo de lesiones causadas por caídas de objetos en el entorno de los alojamientos. Asegurarse de que cada trabajador esté informado y atento a su entorno contribuirá a crear un ambiente de trabajo seguro y eficiente.

3.4. Gestión de caídas de objetos desprendidos

En el ámbito de la limpieza en alojamientos, un aspecto crítico en la prevención de riesgos laborales es la gestión de caídas de objetos desprendidos. Estos incidentes pueden ocurrir cuando objetos, previamente estables o bien colocados, se desprenden y caen provocando situaciones de peligro para los trabajadores o visitantes.

Importancia de la vigilancia

La clave en la gestión efectiva de caídas de objetos desprendidos radica en la vigilancia constante. El personal de limpieza debe desarrollar un ojo clínico para identificar posibles riesgos. Esto significa estar atentos a estanterías sobrecargadas, objetos mal alineados sobre las superficies, por ejemplo, repisas y estantes en las habitaciones o áreas comunes. Adoptar la práctica de revisar visualmente los espacios en busca de objetos que pudieran estar inestables antes de iniciar cualquier tarea de limpieza es fundamental.

 EJEMPLO

Antes de empezar con la limpieza es necesario inspeccionar rápidamente las estanterías, asegurando que los objetos decorativos están bien sujetos, no existiendo elementos al borde que pueden caer fácilmente.

Evaluación del área de riesgo

Antes de ejecutar tareas de limpieza, es esencial evaluar el área en busca de objetos que corran el riesgo de desprenderse. Esta evaluación debe centrarse en distintas partes del alojamiento: desde habitaciones privadas hasta áreas de servicio y almacenamiento. Identificar estas zonas de manera proactiva permitirá al personal tomar las medidas necesarias para evitar accidentes.

Utilización de herramientas adecuadas

El uso de herramientas y equipos adecuados también juega un papel crítico en la prevención de incidentes de caídas de objetos desprendidos. Elementos como herramientas adecuadas para el alcance o el uso de elementos de seguridad al trabajar en altura son esenciales para salvaguardar la seguridad de los trabajadores. Por ejemplo, los trabajadores deben estar provistos de escaleras estables y de la altura adecuada cuando deben alcanzar objetos situados en partes elevadas.

 IMPORTANTE

En todo caso, todo riesgo tiene que tener asociado un plan de acción, que asegure una posible resolución efectiva, así como la prevención de futuros accidentes.

ACTIVIDAD COMPLEMENTARIA

6. Conocer la resistencia y durabilidad de los materiales es fundamental para minimizar los accidentes por caídas y desprendimientos de objetos. Lleva a cabo una búsqueda y expón algunos datos representativos, teniendo presente que uno de los trabajos a desarrollar en los procesos relacionados con la limpieza en alojamientos, es mantener limpio y ordenado el almacén de productos de limpieza y desinfección.

- -

3.5. Gestión de golpes, cortes y pinchazos

En el ámbito de la limpieza en alojamientos, la prevención y gestión de lesiones como golpes, cortes y pinchazos es fundamental para garantizar un entorno de trabajo seguro y eficaz. Estas lesiones son comunes debido a la variedad de herramientas y productos utilizados, así como a la naturaleza dinámica del entorno de trabajo. A continuación se aborda las mejores prácticas y procedimientos para gestionar eficazmente estos riesgos.

Prevención de lesiones

El primer paso para minimizar el riesgo de golpes, cortes y pinchazos es a través del entrenamiento adecuado del personal. Todos los empleados deben recibir formación en:

Identificación de peligros
Saber identificar objetos y situaciones de riesgo puede disminuir significativamente la ocurrencia de accidentes.

Uso de EPI
El uso de EPI es crucial, debiendo asegurar su efectividad, así como correcto mantenimiento y uso.

Técnicas de manejo seguro
Usar una técnica correcta para el levantamiento de objetos, evitando golpes, cortes...

Señalización de áreas peligrosas
Utilizar señales visuales para alertar sobre materiales y superficies con riesgo.

Monitoreo y revisión

El monitoreo continuo y la revisión de políticas y prácticas relacionadas con la seguridad son fundamentales. Evaluar y actualizar constantemente los procedimientos asegura que la organización esté siempre alineada con las mejores prácticas de la industria y las regulaciones locales.

La correcta gestión de golpes, cortes y pinchazos no solo protege la salud de los trabajadores, sino que también incrementa su moral y eficiencia. Mediante la implementación de estos métodos, se puede lograr un entorno laboral seguro y productivo, reduciendo significativamente la probabilidad de que ocurran incidentes que retrasen las actividades diarias y generen costos adicionales.

3.6. Gestión de incendios, evacuación y medidas de lucha

La prevención de incendios es un aspecto crucial en la gestión de riesgos laborales, especialmente en el sector de la limpieza en alojamientos. Un incendio puede tener consecuencias devastadoras, tanto para las personas como para las instalaciones, por lo que es esencial contar con procedimientos claros y efectivos para su gestión y evacuación.

Identificación de riesgo de incendio

El primer paso en la gestión de incendios es la identificación de posibles riesgos. En un alojamiento, los riesgos pueden incluir instalaciones eléctricas defectuosas, acumulación de materiales inflamables como productos de limpieza o textiles, y el uso inapropiado de equipos que generan calor. Es fundamental realizar inspecciones regulares para identificar estos peligros y mitigarlos de manera efectiva. Los trabajadores de limpieza deben estar capacitados para reconocer situaciones de riesgo y reportarlas inmediatamente.

Prevención de incendios

La prevención se basa en establecer prácticas seguras de trabajo y mantenimiento. Algunos procedimientos incluyen:

Plan de evacuación
Un plan de evacuación bien diseñado es imprescindible para asegurar la seguridad en caso de incendio. Este plan debe incluir la identificación de rutas de evacuación, los puntos de reunión, así como los responsables de evacuación.

Uso seguro de productos químicos
Los productos de limpieza inflamables deben alamacenarse de acuerdo con las recomendaciones del fabricante, en lugares ventilados y lejos de fuentes de ignición.

Mantenimiento de equipos
Los equipos eléctricos deben estar en buen estado. Se recomienda programar revisiones periódicas a instalaciones eléctricas y equipos.

Capacitación del personal
Todos los empleados deben recibir formación sobre el manejo de incendios, incluidas las técnicas de extinción y los planes de evacuación.

Además de la evacuación, contra los incendios es necesario aplicar unas medidas de lucha activa, siendo elementos comunes, y adaptables a las necesidades y características del establecimiento, los siguientes:

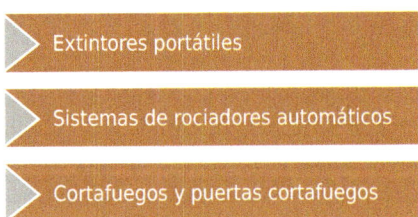

Extintores portátiles

Sistemas de rociadores automáticos

Cortafuegos y puertas cortafuegos

Simulacros de incendio

La realización de simulacros de incendio permite evaluar la eficacia del plan de evacuación y capacitar a los trabajadores en situaciones de emergencia. Estos simulacros deben llevarse a cabo al menos una vez al año y deben involucrar a todo el personal. Posteriormente, se debe realizar una evaluación para identificar áreas de mejora en los procedimientos.

NOTA

Debido a las necesidades de control asociadas a los elementos contra incendios, es necesario mantener un registro de todas las actividades relacionadas con el mantenimiento, informes de inspecciones y resultados de simulacros, actualizado. Documentos que servirán como evidencia en caso de inspecciones oficiales.

3.7. Prevención del contacto con productos químicos e intoxicaciones

La industria de la limpieza en alojamientos está esencialmente vinculada al uso de productos químicos. Estos productos, esenciales para el mantenimiento de la higiene y la desinfección, poseen componentes que pueden representar riesgos significativos para la salud de los trabajadores si no se manejan adecuadamente. Por tanto, implementar medidas de prevención efectivas es crucial para evitar el contacto accidental y posibles intoxicaciones.

Comprensión de los productos químicos peligrosos

Es importante que el personal de limpieza esté bien informado sobre los distintos tipos de productos químicos con los que entran en contacto. Por lo general, estos productos pueden ser clasificados en detergentes, desinfectantes, desengrasantes, abrillantadores, entre otros. A cada producto le acompañan hojas de seguridad que describen sus propiedades, peligros potenciales, y medidas preventivas a tomar. Es vital que cada trabajador acceda a esta información antes de utilizar cualquier producto, lo cual puede prevenir malas prácticas en su manipulación.

Capacitación continua y uso adecuado de los EPI

Para prevenir contactos peligrosos y posibles intoxicaciones, la capacitación del personal es esencial. Las sesiones de formación deben incluir el reconocimiento de productos peligrosos, su uso seguro y el protocolo a seguir en caso de exposición accidental. Asimismo, los EPI deben ser suministrados y utilizados correctamente, por lo que se debe tener conocimiento de cada uno de ellos, incluyendo protocolos de buen uso.

Prácticas seguras de almacenamiento y manejo

Los productos químicos deben ser almacenados en sus envases originales con etiquetas claras, en áreas bien ventiladas y lejos de fuentes de calor, sustancias incompatibles, o donde puedan ser accidentalmente volcados. El manejo seguro también involucra destacamentos de cantidades justas de productos para su uso inmediato, evitando cualquier forma de exposición prolongada o innecesaria.

Señalización y etiquetado adecuado

La señalización es un elemento clave en la prevención de accidentes. Se deben implementar etiquetas visibles y comprensibles en todas las zonas donde se almacenen y utilicen productos químicos. Los pictogramas de peligro, las frases de riesgo, y las instrucciones de uso deben estar entrenados en procedimientos de emergencia como evacuaciones controladas, y conocer las pautas básicas de primeros auxilios relacionadas con intoxicaciones químicas. Estos procedimientos deben incluir el uso de duchas de seguridad y estaciones para el lavado de ojos, además de llevar un registro inmediato de la exposición para seguimiento médico.

 **APLICACIÓN PRÁCTICA**

Para ahorrar espacio en el almacén de limpieza, Mercedes decide vaciar en una botella de agua destilada los restos de desinfectante y amoniaco. De esta forma, dispone dicha botella en el carro de limpieza agilizando el trabajo.

¿Ha actuado de forma adecuada Mercedes?

Justifica tu respuesta.

Solución

Los productos de limpieza nunca deben ser trasvasados de su recipiente original, ya que es necesario tener presente en todo momento su etiquetado.

En este caso se trata de productos tóxicos y de distinta naturaleza, lo que hace que el posible riesgo aún sea mayor.

Continúa en página siguiente >>

<< Viene de página anterior

Recuerda que los productos deben estar en todo momento identificados mediante su etiquetado. Almacenados en un lugar ventilado y alejados de fuentes de calor y su envase debe ser el original.

3.8. Precaución con contactos eléctricos

En cualquier entorno laboral, y más aún en el ámbito de los alojamientos, la precaución con elementos eléctricos es un tema esencial, ya que el personal de limpieza realiza tareas diarias que pueden involucrar el uso de aparatos eléctricos o el contacto accidental con instalaciones eléctricas.

Un contacto eléctrico es cualquier conexión entre una fuente de energía eléctrica y un cuerpo que puede conducir electricidad, lo que puede resultar en una descarga eléctrica. Este tipo de accidentes pueden ser leves, causando un pequeño choque, o pueden ser graves, provocando quemaduras, lesiones internas o incluso ser mortales. Por lo tanto, comprender las precauciones necesarias y adoptar medidas preventivas es vital.

Las instalaciones eléctricas en los alojamientos deben estar siempre en perfectas condiciones. Esto incluye asegurarse de que todos los enchufes, interruptores y cables estén bien instalados y mantenidos. Las inspecciones regulares por parte de un profesional cualificado son indispensables para prevenir cualquier fallo que pudiera conducir a un accidente eléctrico.

Entre las recomendaciones más específicas para el personal de limpieza, se encuentra la necesidad de utilizar equipos y productos de limpieza seguros. Es muy importante observar que los equipos eléctricos no deben ser limpiados con agua ni soluciones líquidas que puedan entrar en contacto con las conexiones eléctricas. Para ello, se pueden utilizar paños secos o ligeramente humedecidos para limpiar aparatos que ya estén desconectados de la corriente. Además, nunca se deben manipular aparatos eléctricos con las manos mojadas o cuando se está de pie sobre superficies húmedas, ya que la humedad es un excelente conductor de electricidad. Es esencial secarse bien las manos y, de ser necesario, usar guantes de goma aislantes al trabajar con o alrededor de equipos eléctricos. Además, al cerrar el ciclo de limpieza, todo aparato debe ser desconectado de la corriente.

Un aspecto clave para cualquier programa de prevención de riesgos laborales en este ámbito es el uso de dispositivos de protección eléctricos, como interruptores diferenciales. Estos dispositivos cortan la corriente eléctrica en caso de que detecten una variación en la corriente, protegiendo así a los trabajadores de descargas fatales. Todos los equipos utilizados deben estar en conformidad con las normas de seguridad vigentes y ser etiquetados claramente para su uso seguro.

El acceso restringido a áreas con alto voltaje de electricidad es otra medida de precaución relevante. Las zonas como salas de calderas y alojamientos donde se encuentran cajas eléctricas o generadores deben estar claramente señalizadas y accesibles solo para el personal autorizado.

Por último, aunque el foco principal de la prevención es evitar el contacto directo con la electricidad, es necesario también prepararse para emergencias. Se debe contar con un plan claro para responder a incidentes eléctricos, incluidos conocimientos básicos de primeros auxilios, como el manejo de condiciones de descarga eléctrica y quemaduras.

 IMPORTANTE

La implementación de estas medidas garantiza no solo la seguridad del personal de limpieza, sino también la confianza y la tranquilidad de los huéspedes.

4. Identificación de sobresfuerzos, malas posturas y movimientos repetitivos

 HILO CONDUCTOR

La instalación de grandes cristaleras en el nuevo establecimiento de la cadena hotelera, ha propiciado la compra de nuevos dispositivos de limpieza. En concreto se trata de limpiacristales telescópicos automatizados. Con ello se pretende minimizar e incluso evitar que el personal deba imponer malas posturas, lo que puede llevar al desarrollo de problemas crónicos, en este caso asociado a dolores de espalda, cuello y hombros.

En el entorno de la limpieza de alojamientos, el trabajo físico intenso y prolongado es parte del día a día. Por lo que es fundamental reconocer y abordar los riesgos asociados a los siguientes conceptos:

⮑ **Sobresfuerzo.** Definir y reconocer que constituye un sobresfuerzo es esencial para minimizar el riesgo de patologías como las lesiones musculoesqueléticas. Un sobresfuerzo ocurre cuando una tarea concreta supera las capacidades físicas de una persona, lo cual, a menudo, resulta en distensiones musculares o daño articular. Ejemplos comunes en la limpieza incluyen levantar objetos pesados sin asistencia, como sacos de basura, o mover muebles para limpiar debajo de ellos. Implementar estrategias para reducir estos excesos de esfuerzo es vital. Se recomienda la utilización de ayudas mecánicas, como carros de transporte para bolsas de basura o aspiradoras ergonómicas, que minimizan el esfuerzo físico directo sobre el trabajador. Además, promover la técnica adecuada para levantar pesos, utilizando las piernas y no la espalda, es esencial. La formación en técnicas ergonómicas asegurará que los trabajadores puedan desempeñar su trabajo de manera eficiente sin comprometer su salud.

⮑ **Malas posturas.** Las malas posturas son una causa común de dolores y lesiones en el trabajo de limpieza. Mantener posturas incorrectas durante períodos prolongados puede llevar al desarrollo de problemas crónicos, tales como dolor de espalda, cuello y hombros. Un ejemplo de mala postura es inclinarse constantemente hacia adelante al barrer o fregar el suelo. También, trabajar a alturas inadecuadas, como limpiar superficies altas sin el uso de herramientas o equipos adecuados, puede desencadenar tensiones. Para mitigar este riesgo, es recomendable ajustar el equipo para que se adapte a la altura del trabajador, permitiendo un trabajo más cómodo y eficiente. Por ejemplo, el uso de mopas con mangos telescópicos ajustables puede ayudar a mantener la espalda recta y reducir el esfuerzo en los hombros. También, fomentar descansos cortos y frecuentes para realizar estiramientos contribuye a relajar los músculos y evitar la rigidez. Los trabajadores deberían ser instruidos sobre la importancia de mantener una postura erguida y de alternar actividades para no sobrecargar una misma parte del cuerpo durante toda la jornada laboral. La práctica de ejercicios de fortalecimiento específicos, como aquellos dirigidos a la columna vertebral y el núcleo, también puede ser beneficiosa.

⮑ **Movimientos repetitivos.** El realizar movimientos repetitivos está asociado con el riesgo de lesiones por esfuerzo repetitivo (LER), tales como el síndrome del túnel carpiano. Dentro de las actividades de limpieza, estos movimientos generalmente se presentan al limpiar ventanas, encerar pisos o al realizar trabajos de fregado manual. La repetición incesante de estos patrones de movimiento puede llegar a inflamar nervios, tendones y músculos, provocando dolor y limitación de las funciones.

Para reducir estos riesgos, es importante proporcionar herramientas que permitan una variación del movimiento, tales como cepillos y mopas con diseño ergonómico. El diseño de un puesto de trabajo rotativo, en el que el personal intercale diferentes tareas y movimientos, puede reducir significativamente la exposición continuada a movimientos repetitivos. La importancia de la técnica también debe ser destacada; por ejemplo, al limpiar ventanas, es recomendable alternar las manos en la ejecución de los movimientos para reducir el estrés en una sola muñeca. Incorporar pausas breves durante el trabajo repetitivo permite que las áreas más vulnerables del cuerpo descansen y se recuperen.

4.1. Precaución con el levantamiento de cargas

Levantar y transportar cargas de manera incorrecta es una de las causas más comunes de lesiones en el ámbito laboral, especialmente en el sector de la limpieza y mantenimiento de alojamientos. Las consecuencias pueden incluir desde dolores temporales hasta lesiones permanentes en la espalda, el cuello y las extremidades superiores.

Para prevenir dichas lesiones y dolores, además de considerar y ajustar el trabajo a las capacidades del individuo hay que evaluar el entorno en que se trabaja, verificando estado, distancia... Sin olvidar como elemento fundamental el uso de una técnica de levantamiento adecuada, siendo criterios y pasos a seguir para levantar materiales de manera segura los siguientes:

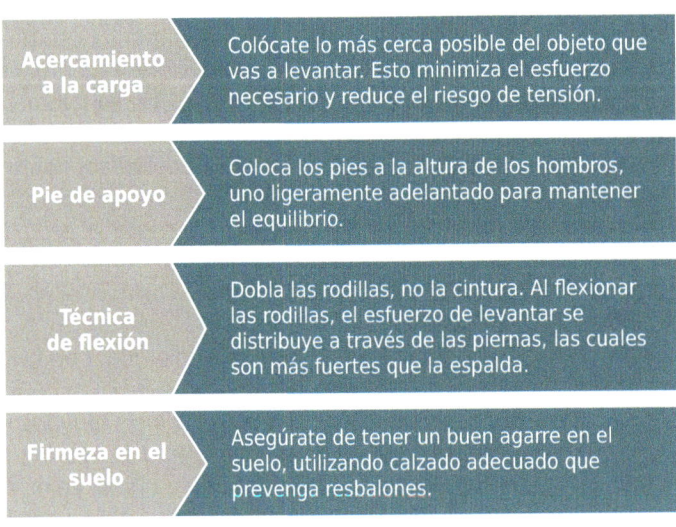

Acercamiento a la carga: Colócate lo más cerca posible del objeto que vas a levantar. Esto minimiza el esfuerzo necesario y reduce el riesgo de tensión.

Pie de apoyo: Coloca los pies a la altura de los hombros, uno ligeramente adelantado para mantener el equilibrio.

Técnica de flexión: Dobla las rodillas, no la cintura. Al flexionar las rodillas, el esfuerzo de levantar se distribuye a través de las piernas, las cuales son más fuertes que la espalda.

Firmeza en el suelo: Asegúrate de tener un buen agarre en el suelo, utilizando calzado adecuado que prevenga resbalones.

Continúa en página siguiente >>

<< Viene de página anterior

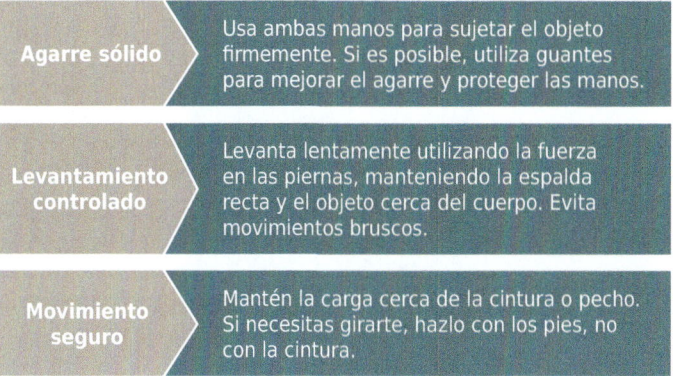

Agarre sólido	Usa ambas manos para sujetar el objeto firmemente. Si es posible, utiliza guantes para mejorar el agarre y proteger las manos.
Levantamiento controlado	Levanta lentamente utilizando la fuerza en las piernas, manteniendo la espalda recta y el objeto cerca del cuerpo. Evita movimientos bruscos.
Movimiento seguro	Mantén la carga cerca de la cintura o pecho. Si necesitas girarte, hazlo con los pies, no con la cintura.

5. Utilización de equipos de protección individual

 HILO CONDUCTOR

Durante la jornada laboral se ha producido un accidente en el departamento de limpieza. En concreto, se ha desprendido una pieza de zócalo durante su limpieza, cayendo sobre el pie del empleado. No ha habido ningún problema, solo ha sido un susto, ya que los zapatos de seguridad utilizados como EPI, han evitado el aplastamiento de los dedos del trabajador.

La utilización adecuada de los equipos de protección individual (EPI) es un aspecto crucial en la prevención de riesgos laborales, especialmente en el sector de la limpieza en alojamientos. Estos equipos están diseñados para proteger a los trabajadores de posibles riesgos que puedan amenazar su seguridad y salud mientras llevan a cabo sus tareas diarias. Los EPI no eliminan los riesgos, pero reducen significativamente la probabilidad de lesiones o enfermedades relacionadas con el trabajo.

Los tipos de EPI más comunes en el ámbito de la limpieza incluyen guantes, mascarillas, uniformes, gafas de protección, calzado adecuado y, en algunos casos, protectores auditivos. Cada uno de estos elementos tiene un propósito específico y seleccionar el adecuado es vital para garantizar una protección óptima. De forma específica es posible destacar las siguientes singularidades en cada uno de los casos:

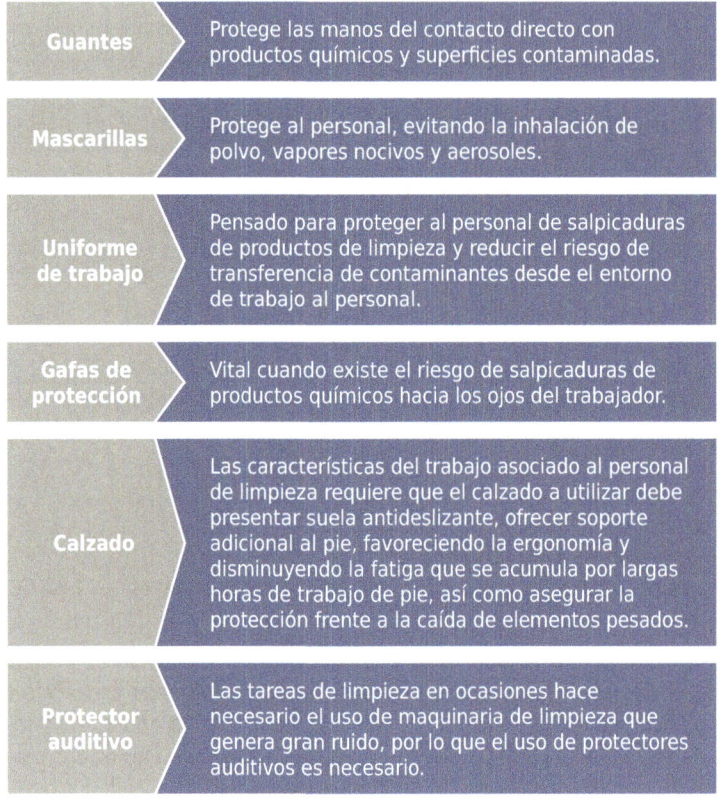

Guantes	Protege las manos del contacto directo con productos químicos y superficies contaminadas.
Mascarillas	Protege al personal, evitando la inhalación de polvo, vapores nocivos y aerosoles.
Uniforme de trabajo	Pensado para proteger al personal de salpicaduras de productos de limpieza y reducir el riesgo de transferencia de contaminantes desde el entorno de trabajo al personal.
Gafas de protección	Vital cuando existe el riesgo de salpicaduras de productos químicos hacia los ojos del trabajador.
Calzado	Las características del trabajo asociado al personal de limpieza requiere que el calzado a utilizar debe presentar suela antideslizante, ofrecer soporte adicional al pie, favoreciendo la ergonomía y disminuyendo la fatiga que se acumula por largas horas de trabajo de pie, así como asegurar la protección frente a la caída de elementos pesados.
Protector auditivo	Las tareas de limpieza en ocasiones hace necesario el uso de maquinaria de limpieza que genera gran ruido, por lo que el uso de protectores auditivos es necesario.

IMPORTANTE

Es necesaria una formación precisa en torno al mantenimiento y uso de los EPI para asegurar su efectividad.

TAREA 10

En la cadena hotelera Fabian & Company se han facilitado los nuevos uniformes para el departamento de limpieza. Walter indica que los zapatos entregados no le gustan, al igual que el modelo de gafas de protección. Walter indica que usará sus zapatos y gafas, que le resultan más cómodos y bonitos.

¿Actúa de forma correcta Walter? Como responsable de prevención de la empresa, ¿qué le debes indicar?

Justifica tu respuesta.

- -

6. Resumen

La prevención de riesgos laborales es una disciplina fundamental en cualquier sector económico, y cobra especial relevancia en el contexto de los servicios de limpieza en alojamientos. En un entorno de trabajo donde las tareas suelen desempeñarse de manera intensiva y repetitiva, y donde se manipulan productos químicos y equipos variados, la identificación y gestión proactiva de los riesgos se convierte en una necesidad imperiosa para garantizar la seguridad y el bienestar de los trabajadores.

La naturaleza de las labores diarias en servicios de limpieza presenta múltiples desafíos en términos de seguridad y salud laboral, como son:

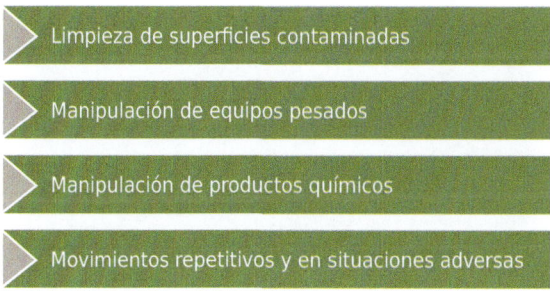

La falta de atención a las condiciones de trabajo y la carencia de medidas preventivas adecuadas puede derivar en accidentes de diversa índole, desde caídas y golpes hasta cortes y quemaduras, seguidos del riesgo de intoxicaciones por productos químicos y descargas eléctricas por contacto.

En conclusión, la gestión activa de la prevención de riesgos laborales en servicios de limpieza no solo es una obligación legal, sino una responsabilidad moral que redunda en resultados positivos para todos los involucrados. Adoptando adecuadas medidas preventivas y generando una cultura de seguridad, las empresas pueden asegurar un entorno de trabajo seguro y eficiente, donde el bienestar del trabajador es la prioridad, y la calidad del servicio recibido por los clientes refleja estos principios. La aplicación constante de principios de prevención convierte el entorno de limpieza en un espacio de trabajo tanto seguro como eficaz, alineándose así con los estándares más altos de calidad y responsabilidad empresarial.

Ejercicios de autoevaluación
Unidad de Aprendizaje 5

1. En la gestión de limpieza en alojamientos...

    a. ... la organización del equipo de trabajo es una de las funciones principales.
    b. ... se deberán establecer turnos de menos de 4 horas.
    c. ... la dirección acometerá la organización de inventarios.
    d. ... el uso de desinfectantes, quedará excluido, evitando así los riesgos asociados a esta gama de productos.

2. La capacitación y evaluación continua del personal de limpieza...

    a. ... deberá ser regular para identificar áreas de mejora.
    b. ... describirá las técnicas de trabajo adecuadas según necesidades.
    c. ... debe reflejar las necesidades impuestas según las indicaciones de las normas vigentes.
    d. Todas las opciones son correctas.

3. La gestión de riesgos implica una serie de acciones planificadas y sistemáticas que buscan:

    a. Reducir la probabilidad de accidentes.
    b. Aumentar el rendimiento del trabajador.
    c. Mejorar la seguridad del entorno laboral.
    d. Las opciones a y c son correctas.

4. Dentro del sector de alojamientos, son riesgos o peligros comunes:

    a. Los asociados a sustancias químicas utilizadas en la limpieza.
    b. Los asociados a superficies resbaladizas que incrementan el riesgo de caídas.
    c. Los asociados a movimientos repetitivos que pueden provocar lesiones musculares.
    d. Todas las opciones son correctas.

5. Identificados los riesgos o peligros, el siguiente paso consiste en:

    a. Entregar EPI para evitarlos.
    b. Planificar una nueva revisión para evaluarlos nuevamente.
    c. Analizarlos en términos de frecuencia y severidad.
    d. Todas las opciones son incorrectas.

6. ¿Cuál de los siguientes riesgos deben ser estudiados en torno a la gestión de caídas al mismo nivel?

    a. Suelos resbaladizos
    b. Desniveles del suelo
    c. Obstáculos en el suelo
    d. Todas las opciones son correctas.

7. La gestión de todo riesgo tiene como necesidad fundamental:

    a. La eliminación de elementos de pequeño formato.
    b. La formación y/o capacitación del personal.
    c. El uso de calzado adecuado.
    d. El uso de protectores auditivos y uniformidad correcta.

8. ¿Cuál o cuáles de las siguientes medidas son aplicadas a favor de prevenir los riesgos de incendios?

    a. Revisión de instalaciones eléctricas.
    b. Evitar la acumulación de materiales inflamables como productos de limpieza o textiles.
    c. Uso responsable de equipos que generan calor.
    d. Todas las opciones son correctas.

9. De forma general, los productos químicos utilizados en la limpieza y desinfección en alojamientos, deben almacenarse:

    a. En recipientes de vidrio. Nunca en el recipiente original.
    b. En lugares ventilados y lejos de fuentes de ignición.
    c. En las rutas de evacuación y puntos de encuentro.
    d. En estantes de una sola balda con sistemas de control de *stock*.

10. Para evitar riesgos eléctricos en los procesos de limpieza y desinfección de la maquinaria, se debe:

    a. Hacer uso de productos ignífugos.
    b. Desconectar la maquinaria de la fuente eléctrica.
    c. Evitar el uso de guantes de látex.
    d. Todas las opciones son correctas.

Glosario

Afable
Persona agradable, dulce, suave en la conversación y el trato.

Agua blanda
Agua con bajo contenido en calcio y magnesio.

Agua dura
Agua con alto contenido en calcio y magnesio.

Amenities
Son los artículos de aseo personal que los alojamientos ponen a disposición del cliente. Dependiendo del tipo de categoría del establecimiento, estos aumentan en variedad. Por ejemplo, en los hoteles de cinco estrellas, además de gel y champú, se obsequia con calzadores, por ejemplo.

Apartamento
Unidades de alojamiento constituidas como empresas y los inmuebles que no tienen carácter residencial.

Apartotel
Hotel de apartamentos.

Arqueo
Análisis, comprobación y recuento de bienes y dinero pertenecientes a una entidad, persona o proceso, permitiendo comprobar si se ha contabilizado todo el efectivo recibido y si el saldo que arroja esta cuenta corresponde con lo que se encuentra físicamente en caja en dinero efectivo, cheques o vales.

Aunar
Unir, confederar para algún fin.

Balneario

Establecimiento dotado de instalaciones diseñadas para tomar baños medicinales y curativos en el que además se dispone de hospedaje.

Bungalow

Oferta de alojamiento consistente normalmente en una vivienda, normalmente de una planta y dispuesta de porche.

Camping

Oferta consistente en disposición al aire libre de zonas acondicionadas para que se acampen en él, a cambio de una cantidad de dinero establecida, turistas y personas en vacaciones.

Cardex

Documento que contiene datos del historial de nuestros clientes, permitiendo poder ofrecer un servicio más personalizado.

Casa de labranza

Casa que en su origen es creada para guardar instrumentos y herramientas de labor, disponiendo al mismo tiempo de zonas para guardar el ganado y alojar a los labradores.

Casona

Casa grande, antigua y señorial.

Check in

Proceso consistente en el registro llevado a cabo en la llegada de un cliente.

Check out

Proceso por el cual un cliente, una vez hospedado, se retira, cancelando todas y cada una de las deudas o cuentas pendientes haciendo entrega de los dispositivos de acceso.

Comanda

Vale interno utilizado por el maitre o responsable de sala para tomar nota de los alimentos y bebidas a consumir, permitiendo al mismo tiempo la realización de la factura.

Control de *stock*

Actividad llevada a cabo en torno a la organización, planificación, dirección y control de los productos y materiales almacenados con el fin de brindar un servicio constante a la demanda existente.

Costurero/a
Persona que se hace cargo del arreglo de todos los desperfectos de la ropa y en caso contrario darlas de baja.

Deontología profesional
Conjunto de reglas éticas o principios relacionados con una actividad profesional exigibles mínimamente a los profesionales en torno a su desempeño de una actividad.

Enoturismo
Tipo de turismo relacionado con las zonas vinícolas, en las que toma un importante grado la gastronomía y el turismo cultural.

Formica
Conglomerado de papel impregnado y revestido de resina artificial, que se adhiere a ciertas maderas para protegerlas.

Hospedería
Habitación de un convento destinada al servicio de alojamientos.

Inventario
Registro documentado de los bienes materiales de que se posee en un momento determinado. Normalmente realizado para comprobar la existencia actual de dichos bienes.

Latón
Material realizado con una aleación de cobre y cinc, y a veces otros metales.

Lavandero/a
Persona encargada de lavar o limpiar, secar y planchar toda la ropa del hotel y clientes.

Lencero/a
Persona encargada del control y manejo de los suministros y ropa del hotel.

Marketing
Conjunto de principios y prácticas que buscan el aumento del comercio, especialmente de la demanda.

Organización formal
Es aquella estructura bien definida caracterizada por la relación de autoridad, concreción de canales de comunicación y sistemas de ejecución, con responsabilidades y eficacias definidas y exigidas.

Organización informal
Es aquella flexible y espontánea que surge por la relación entre los empleados que comparten inquietudes, aficiones, etc.

Pazo
Casa antigua y señorial característica de Galicia, situada de forma especial en el campo.

Pensión
Alojamiento hotelero, que por sus características, no llega a poder ser catalogado como hotel o apartotel.

pH
Índice que expresa el grado de acidez o alcalinidad de una disolución.

Puesta a punto
En referencia al departamento de pisos, este término sirve para designar la actividad que se desarrolla dentro del establecimiento para poder tener cada una de sus dependencias limpias y en perfecto estado.

Solárium
Lugar reservado para tomar el sol.

SPA
Instalación urbana en la que el agua es el elemento principal para eliminar el estrés.

Staff
Conjunto de personas que forman un cuerpo o equipo de estudio, información o asesoramiento en una empresa u organización.

Tangible
Elemento que se puede tocar o percibir de manera precisa.

Tensioactivo
Compuesto que reduce la tensión superficial del líquido al que se añade.

Valet
También denominado mozo de habitaciones, es el encargado de repartir el material entre las camareras de pisos, reponiendo los diferentes *offices* del hotel.

Villa

Oferta de alojamiento consistente en una casa con jardín en el campo o aislada de otras y utilizada para pasar temporadas de descanso o de recreo.

VIP

Persona importante en relación a su posición económica o posición social.

Wellness center

Instalación que aúna gimnasio, saunas, zona de masajes, belleza, etc.

Bibliografía

Monografías

→ AGUIRRE Fernández, Mª M.: *Organización del servicio de pisos en alojamientos*. Antequera: IC Editorial, 2017.

El presente manual desarrolla la exposición de la prestación de los servicios del departamento de pisos, exponiendo las técnicas y procesos administrativos aplicados al departamento de pisos. Al mismo tiempo, describe la planificación del espacio en función de maquinaria y equipos del área de pisos, zonas comunes, lavandería y lencería, así como las necesidades de aprovisionamiento, control e inventario de existencias en el departamento, sin olvidar exponer indicaciones sobre la gestión de la seguridad en establecimientos de alojamiento.

→ ATIENZA Sobrino, V.: *Procesos de gestión de departamentos del área de alojamiento*. Antequera: IC Editorial, 2012.

Este manual describe la planificación requerida para el correcto funcionamiento de las empresas y entidades de alojamientos, así como las necesidades de gestión y control presupuestario de dicha área. Al mismo tiempo, profundiza sobre la evaluación de costes, productividad y análisis económicos del departamento, las funciones en relación a su integración y dirección, todo ello, apoyado mediante la aplicación de sistemas informáticos.

→ MORALES Morales, T.: *Aprovisionamiento y organización del Office en alojamientos*. Antequera: IC Editorial, 2011.

Este manual describe de forma general el departamento de pisos, así como las funciones y peculiaridades de regiduría del departamento, las necesidades propias de aprovisionamiento, control e inventario de existencias, así como la implicación en torno a las actividades y procesos relacionados con la mejora de calidad en base a la prevención y control de los insumos y procesos evitando resultados defectuosos.

→ MORALES Morales, T.: *Limpieza y puesta a punto de pisos y zonas comunes en alojamientos*. Antequera: IC Editorial, 2011.

Este manual expone el mobiliario y decoración en las empresas de actividades de alojamientos, la limpieza y puesta a punto de habitaciones, zonas nobles y áreas comunes en alojamientos. Todo ello describo a favor a la aplicación de la normativa vigente en torno a la seguridad, higiene y salud.

→ MORALES Morales, T.: *Atención al cliente en la limpieza de pisos en alojamientos.* Antequera: IC Editorial, 2011.

> Este manual desarrolla a lo largo de su contenido información relacionada tanto con la atención al cliente, exponiendo tipologías de clientes, quejas y reclamaciones, técnicas de comunicación, etc., como con la preparación de salones para eventos. Al mismo tiempo, se expone la aplicación de normas de protocolo básico.

→ NAVARRO Ureña, A.: *Manual para regiduría de pisos.* Madrid: Ediciones Paraninfo, 2015.

> Manual en el que se lleva a cabo un amplio estudio sobre la figura de la gobernanta y el departamento de pisos en general, mostrando la maquinaria y equipos de uso común y los procesos llevados a cabo para la limpieza y puesta a punto en torno a las competencias del departamento. Al mismo tiempo, presenta el mobiliario, la decoración y la ornamentación común en el departamento y los criterios más importantes en torno a la seguridad y prevención en el departamento de pisos.

→ VILLANUEVA López, R.: *Comunicación y atención al cliente en hostelería y turismo.* Antequera: IC Editorial, 2017.

> Este manual expone las técnicas de comunicación asociadas a la hostelería y turismo, exponiendo la importancia de la tipología de cliente y las barreras que dificultan la comunicación, las especificidades de la comunicación telefónica y telemática, así como la protección de los consumidores y usuarios.

→ VV. AA.: *Aprovisionamiento y organización del Office en alojamientos.* Málaga: Editorial Vértice, 2009.

> Guía en la que se presentan algunos de los documentos implicados en el trabajo desarrollado en el departamento de pisos y la descripción de las operaciones de aprovisionamiento, control e inventario de existencias en esta área, describiendo las aplicaciones de los procedimientos de gestión.

→ VV. AA.: *Control de procesos en pisos.* Madrid: Editorial CEP, 2012.

> Manual desarrollado en torno a las actividades de gestión y control alrededor del departamento de pisos de los establecimientos hoteleros, incluyendo sus fases, factores a tener en cuenta y resultados.

Textos electrónicos, bases de datos y programas informáticos

→ Agencia Estatal Boletín Oficial del Estado: legislación consolidada, de: <https://www.boe.es/legislacion/legislacion.php>.

> Página web de la Agencia Estatal Boletín Oficial del Estado, donde puede consultarse la legislación vigente y actualizada.

→ FUNDAE, Fundación Estatal para la Formación en el Empleo, de:
<https://www.fundae.es/Pages/default.aspx>.

> Página web desarrollada para contribuir a que empresarios y trabajadores puedan mejorar las competencias que se preparen para los cambios del mercado laboral y los sectores productivos, en favorecer el acceso a acceder a una formación gratuita y de calidad para todos los trabajadores.

→ INCUAL, Instituto Nacional de las Cualificaciones, de:
<http://incual.mecd.es/inicio>.

> Fue creado por el Real Decreto 375/1999, de 5 de marzo. Es el instrumento técnico, dotado de capacidad e independencia de criterios, que apoya al Consejo General de Formación Profesional para alcanzar los objetivos del Sistema Nacional de Cualificaciones y Formación Profesional.

Legislación y normativa

→ Ley 31/1995, de 8 de noviembre, de prevención de Riesgos Laborales.

→ Real Decreto 486/1997, de 14 de abril, por el que se establecen las disposiciones de seguridad y salud en los lugares de trabajo.